DE BEDRIJFSATLEET®

Jezelf managen onder druk

Alain Goudsmet
Koen Gonnissen

KLUWER

COLOFON

AUTEURS - Alain Goudsmet en Koen Gonnissen

EINDREDACTIE - Marilyn Carels

HOOFDREDACTIE - Nadia Schruers

De redactie streeft naar betrouwbaarheid van de gepubliceerde informatie, waarvoor ze echter niet aansprakelijk kan worden gesteld.

VERANTWOORDELIJKE UITGEVER - Daniel Lefebvre, Ragheno Business Park, Motstraat 30, B-2800 Mechelen

KLANTENSERVICE KLUWER UITGEVERS

tel. 0800 40 302 - fax. 0800 17 529
e-mail: info@kluwer.be
adres: Ragheno Business Park, Motstraat 30, B-2800 Mechelen

Depot: D/2005/2664/103
ISBN: 90-4650-349-6

OVER DE AUTEUR

Koen Gonnissen

Directeur van het 'Dutch Institute for Health and Performance'
Licentiaat in Klassieke Filologie;
Post Graduaat trainingsleer;
Trainer en Captain van de Belgische mannenploeg Tennis (Davis Cup) (1993- 1999);
Docent van "Mentale Training" Bloso (1990- 1998)

Alain Goudsmet

Directeur van het European Institute for Health and Performance
Post Graduaat trainingsleer
Post Graduaat Management, Solvay Business School (ULB)
Speciaal diploma in Human Management, ICHEC (Brussel)
Docent 'Human Relations', CEPAC (ULB)

Sinds 20 jaar gespecialiseerd in coaching van individuen en groepen die onder druk staan: kaderleden, managers, werknemers, studenten en atleten.

DANKWOORD

Wij willen alle mensen bedanken die ons gesteund hebben bij de verwezenlijking van dit boek:

Dokter Michèle Dauwe, Marc Delpierre en Luc Vanderhofstadt, onze rechtstreekse medewerkers.

Dokter Nicholas Hall.

Alle atleten en teams binnen de bedrijfs- en de sportwereld waar wij tot op heden mee gewerkt hebben omwille van de talloze anekdotes.

Justine Henin en Marc Delpierre, als buitengewone getuigen vanuit de topsport.

Philippe Bodson, omwille van een glasheldere verduidelijking van een topbedrijfsatleet.

Heel het team van Kluwer uitgevers voor de fijne samenwerking en in het bijzonder Marilyn, Kathleen en Joos voor de extra werkdruk die wij hen bezorgden.

Kristien en Katia, onze partners in het leven, die ons altijd blijven steunen zijn.

VOORWOORD

"Alles lukt, ik heb me nog nooit zo goed gevoeld", "Mijn moraal is uitstekend", of omgekeerd, "Ik zit er mentaal helemaal door", "Mijn stoppen zijn doorgeslagen": dat zijn de meest gehoorde uitlatingen in de sportwereld.

Naast de fysieke voorbereiding wordt het mentale en emotionele beheer een essentieel element in het leven van een sportman. Zich mentaal versterken om de druk beter aan te kunnen, meer zelfkennis verwerven om beter te presteren, het vertrouwen in zijn eigen mogelijkheden vergroten, uitdagingen positief bekijken…

Een atleet wordt voortdurend geconfronteerd met de uitdaging dat hij de realiteit, nederlagen zowel als overwinningen, onder ogen moet zien. Het is niet makkelijk om stress te overwinnen tijdens een wedstrijd en nog moeilijker om te recupereren na een zware nederlaag. Men voelt zich schuldig, men heeft het moeilijk om zichzelf te herpakken en dus om zich terug te motiveren voor een nieuwe grondige werkfase. Ook succes moet verwerkt en gerelativeerd worden door een balans op te maken van de vorderingen en de punten die nog verbeterd moeten worden. Een goede omkadering zorgt ervoor dat de beroepssporter zijn voorbereiding zo goed mogelijk structureert, mentaal en emotioneel elke situatie kan doorstaan en efficiënte middelen gebruikt om zijn prestaties vol te houden!

Wielrenners, zwemmers of tennisspelers, elke topsporter moet er steeds staan op "D-day". De ervaring heeft ons geleerd dat de trainer en/of coach weliswaar belangrijk is, maar dat recupereren minstens even, zoniet nog belangrijker is. De afwisseling tussen energieverbruik en recuperatie is van groot belang, zowel op het fysieke, het mentale als op het emotionele niveau.

Uitgaand van hun rijke ervaring als trainer en coach van diverse topsporters en teams hebben Alain Goudsmet en Koen Gonnissen deze benadering prachtig omschreven in dit boek: zich op voorhand versterken om beter weerstand te kunnen bieden en vervolgens recupereren om opnieuw te starten in een nieuwe cyclus. In hun werk illustreren zij al deze thema's met tal van voorbeelden, anekdotes en praktische tips.

Justine HENIN,

Marc DELPIERRE,
(Mentale coach van Justine en andere atleten)

VOORWOORD

Ik twijfel eraan of Bernard Shaw in zijn tijd gelijk had toen hij schreef dat een gezond lichaam het resultaat vormt van een gezonde geest. Vandaag de dag is dat zeker niet langer het geval. Er bestaat wel een duidelijke wisselwerking tussen beiden: wanneer de ene uit balans raakt, zal ook de andere onvermijdelijk slechter functioneren. Het lichaam haalt zijn energie uit de fysieke batterij, de geest uit de mentale en de emotionele batterijen. Het komt erop aan deze batterijen gedisciplineerd en op regelmatige basis weer op te laden.

In hun boek lichten Koen Gonnissen en Alain Goudsmet deze onderlinge samenhang toe. Met een reeks praktische tips proberen zij de werking van dit ingewikkelde systeem, zijnde de mens, te optimaliseren. Hun ervaring leiden zij af uit het atypische verloop van hun beroepscarrière: dat van sportman en dat van bedrijfsman.

Als sporters die jarenlang zelf aan de top stonden en daarna als trainer en coach van beroepssporters hebben zij voortdurend moeten zoeken naar middelen om het prestatievermogen te verbeteren: dat van henzelf en dat van hun beschermelingen. De principes waarover zij spreken hebben zij dus zelf op het terrein toegepast. Zij stellen hun ervaring nu ook in dienst van de ondernemingen.

Iedereen streeft naar perfectie, maar slechts weinigen zien in dat hun streven naar betere prestaties niet alleen afhangt van de kwaliteit van hun strategie of van hun producten, maar ook van de som van de individuele prestaties van elk van hun personeelsleden.

In een recent interview onderstreept dokter Zarifian, Europees specialist van de psychotrope geneesmiddelen, zaakgelastigde bij de WGO en het Amerikaanse Congres, dat in een onderneming de kaderleden dynamisch en vindingrijk moeten blijven, bedienden vooral goed moeten presteren voor het scherm van hun computer terwijl de arbeiders zich moeten aanpassen aan de automatisering van het werk en het snellere werkritme.

Ter afronding wees hij erop dat bij sportlui de uitdaging anders is qua voorwerp, maar gelijk qua druk die de individuen ondergaan. In de sport bestaat deze uitdaging ook reeds langer: sporters en hun trainers zijn reeds geruime tijd op zoek naar oplossingen om deze druk om te zetten in prestaties in plaats van in stress.

“Als men ziet wat er met dopingproducten in de sport gebeurt, zegt de dokter, vragen wij ons terecht af of dat geen voorteken is van wat er zou kunnen gebeuren in onze maatschappij” Ik voeg hier aan toe: en dus ook in onze ondernemingen…

Zelfs al rangschikt het laatste rapport van de Verenigde Naties ons land en onze Europese buurlanden onder de besten in termen van menselijke ontwikkeling, toch neemt dit niet weg dat er meer doden vallen door zelfmoord dan door verkeersongevallen en dat in Frankrijk meer dan 15 % van de bevolking regelmatig psychotrope geneesmiddelen slikt. Of mogen we zeggen er verslaafd aan is?

Kan welvaart dan niet gepaard gaan met welzijn?

Het antwoord van Alain en Koen is bemoedigend. Absenteïsme, vermoeidheid, concentratieverlies, prikkelbaarheid, rugklachten van psychologische oorsprong, depressie, al deze fenomenen die wegen op het prestatievermogen van de sportlui wegen ook op de productiviteit van de onderneming.

En de oplossing die zij ons voorstellen is eenvoudig: neen aan drugs en aan kunstmatig opgewekte prestaties; ja aan lichaamsbeweging, aan regelmatige slaap, aan een evenwichtige voeding, aan de lach, aan humor en aan de andere technieken die zij ons leren ontdekken.

Bedankt omdat wij dank zij uw ervaring konden binnendringen in een wereld waar elk individu zijn prestaties leert verbeteren door gebruik te maken van zijn eigen middelen, wat dé sleutel van succes is voor de toekomst van onze ondernemingen.

Philippe BODSON

Aan Maxim en Max, onze zonen van 4 en 6,
toekomstige atleten in de bedrijfs- of sportwereld.

INLEIDING

De bedrijfsatleet

Tot waar reikt de psychische weerstand van elk individu?
Hoe ga ik met druk en stress om? Hoe blijf ik efficiënt presteren zonder mijn gezondheid te schaden én met behoud van mijn levenskwaliteit?
Hoe kan ik de impact van druk op mijn mentale, fysieke en emotionele batterijen verlichten?

Deze en soortgelijke vragen stellen vele mensen zich bijna dagelijks. Heen en weer geslingerd tussen prioriteiten en urgenties, in een werkkader dat steeds meer van ons eist, lijkt alles vaak sneller te gaan dan ons begrip. De laatste decennia hebben vele mensen – onder impuls van een economie met vele groeimogelijkheden – hun grenzen steeds maar verlegd. Maar laat ons eerlijk zijn: zelfs indien de 'snelheid van ons bestaan' ons in haar klem houdt, kunnen we een marathon nog altijd niet als een sprint lopen! Met als voornaamste doel het behoud van de delicate balans tussen gezondheid, welzijn en doeltreffendheid wil dit boek u begeleiden om te kunnen blijven voldoen aan de eisen die aan u gesteld worden.

In het verleden hebben wij het geluk gehad om jarenlang de mentale begeleiding van topsporters te mogen verzorgen. Dit boek is een samenvoeging van onze ervaringen, gekruid met tal van anekdotes uit de realiteit gegrepen. Onze kennis en ervaring werden aangepast aan de eisen en het specifieke prestatievermogen van elk individu in zijn hoedanigheid van «bedrijfsatleet».

Wij schrijven vanuit een invalshoek die door de bedrijfswereld vaak over het hoofd gezien wordt: **de optimalisatie van het individuele energieverbruik** *waardoor mensen efficiënter kunnen (blijven) reageren wanneer het echt belangrijk wordt.*
Wij gaan er van uit dat élke werknemer als een "**bedrijfsatleet**" kan beschouwd worden en zichzelf dus ook als dusdanig kan trainen.

De algemene werkomstandigheden zijn zonder twijfel door de eeuwen heen sterk verbeterd, maar het helse tempo van onze huidige maatschappij bezorgt ons steeds weer nieuwe bronnen van stress. De uitdagingen waar u bijna dagelijks mee geconfronteerd wordt, kunnen als volgt omschreven worden: het beleven en overleven van intense pieken van stress, het presteren van lange werkdagen en vele overuren, werken in ploegverband (houdt iedereen zich aan de spelregels?), productief blijven gedurende ongeveer 40 lange jaren, steeds meer verantwoordelijkheden nemen in een klimaat van voortdurende onzekerheid tegenover een steeds grotere concurrentie en we zouden zo nog wel even kunnen doorgaan.

Wist je dat een topsporter 90 % van de tijd traint om dan zijn prestaties neer te zetten. Zijn/haar carrière duurt gemiddeld slechts 10 jaar. Hoeveel uren traint u voor uw job? En hoeveel uren zet u prestaties neer per dag? Klopt de verhouding? Hoe lang duurt uw carrière?

Wanneer men hierover nuchter nadenkt, heeft elke werknemer er dus alle belang bij zich een beetje meer zoals een "bedrijfsatleet" op te stellen. Want enkel door een strikte organisatie van ons leven en het regelmatig oefenen van lichaam en geest kunnen wij op lange termijn de hoge druk en het helse tempo overleven zonder (al te veel) fysieke of psychische schade. De analogie tussen sport- en bedrijfswereld is sowieso frappant. Vele strategieën van persoonlijke versterking zijn trouwens afgeleid uit de sportwetenschappen en komen uitstekend van pas in het hedendaagse bedrijfsleven.

De wet van de vitale afwisseling

Ons organisme wordt gedirigeerd door een aantal natuurwetten. Het zijn "fysiologische wetten". Ze zijn universeel en beïnvloeden elkaar. Ze spelen niet alleen mee in ons beroeps - en ondernemingsleven, maar ook in ons persoonlijke en gezinsleven. De wisselvalligheid van het dagelijks leven beïnvloedt de afwisseling tussen ontladen en heropladen van vitale energie. Deze energie vormt de basis voor het vervullen van onze fysiologische behoeften, zowel op lichamelijk als op geestelijk vlak.

Figuur 1: De energiecurve

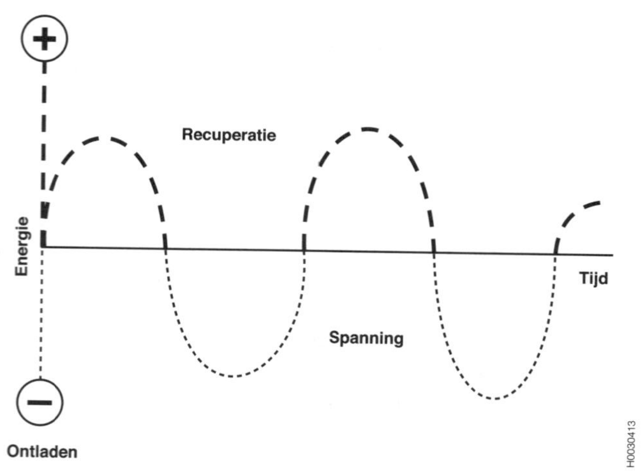

Een ideale dagelijkse energiecurve zorgt voor een goed evenwicht tussen het ontladen en heropladen van energie: dit kan perfect door een afwisseling te voorzien tussen fasen van spanning en van recuperatie. Onze grootste prioriteit bestaat er dus in onze energie regelmatig terug op peil te brengen. Anders blijven we putten uit onze reserves met als uiteindelijk gevolg dat onze batterijen leeg geraken en er aan prestatievermogen wordt ingeboet.

Hoe bewaar ik een positieve energie onder spanning?
Hoe realiseer ik energiebesparingen?
Hoe laad ik mijn energie snel weer op na ontladingen?

De oplossing is eenvoudig: "maak golven!" Denk aan de geruststellende "bieb" van een elektrocardiogram en zijn golvende beweging. Een teken van leven!

De eerste fysiologische wet herinnert ons aan het vitale principe van de schommeling: elke "piek" van spanning moet gecompenseerd worden door een equivalent "dal" van recuperatie.

De drie batterijen

De fysiologie van de mens is een gestructureerd en coherent geheel. Deze steunt op drie batterijen die we zorgvuldig moeten onderhouden: een mentale, een emotionele en een fysieke.

Figuur 2: De drie batterijen van energie

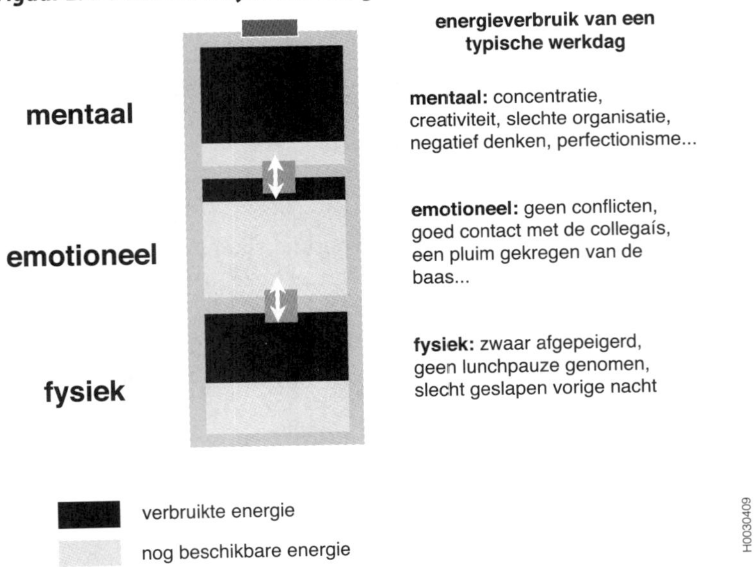

De sport heeft uiteraard steeds grote interesse getoond voor de werking van deze drie batterijen. De eerste die daarvan "geprofiteerd" heeft is natuurlijk de fysieke. Sedert de jaren '50 wanneer fysieke trainers in de wereld van de kampioenen opdoken, hebben de prestaties het oorspronkelijke puur technisch talent van de deelnemers vaak ruimschoots overschreden. We weten ondertussen tot welke ontsporingen prestatiedrang, geldgewin en druk van sponsoren geleid heeft. Wanneer de energiebehoefte groter wordt dan ons productievermogen, komen sommige atleten in de verleiding om een beroep te doen op grotere externe energiebronnen. Op het ogenblik dat doping immers een substituut wordt voor het natuurlijke doorzettingsvermogen, wordt de mens een wandelende chemische fabriek in handen van "Panoramix" met zijn magische drankjes, die zich dan vaak nog durven voordoen als succesgoeroes. Gelukkig is niet elke sporter aan deze verleiding bezweken en heeft men ook naar andere manieren gezocht om zijn prestaties te verbeteren.

Zo is men zich gaandeweg gaan interesseren voor de tweede batterij, de mentale. In het begin van de jaren '80 zijn de eerste referentiewerken verschenen die deze denkpiste verder uitstippelen. Timothy Gallwey en Jim Loehr waren pioniers op dit vlak. Loehr had een schitterende visie op de psychische dimensie van het menselijk prestatievermogen. Ook onze belangstelling voor deze mentale batterij werd toen gewekt. Talloze congressen volgden en alle mogelijke publicaties werden verslonden. Wij hebben bovendien het geluk gehad onze kennis ter zake aan de praktijk te kunnen toetsen. Onze jarenlange coaching van topatleten en teams deed ons tot het volgende besluiten: de mentale batterij kan net zoals de fysieke via eenvoudige methodes getraind en sterker gemaakt worden, zodat ze ons op momenten van grote druk door moeilijke situaties leidt. We zullen onze ideeën verderop uitwerken.

Ondanks alle middelen die de sportlabo's gebruikten om prestaties te verbeteren, was er één belangrijke factor waar ze geen vat op kregen: de emotionele. In ons opvoedingssysteem werd de voorbije decennia vooral de nadruk gelegd op een degelijke ontwikkeling van onze mentale batterij: intellectueel en rationeel begrijpen van situaties werd belangrijker geacht dan de emotionele beleving ervan. Vooral de ontwikkeling van de linkerhersenhelft wordt in ons onderwijssysteem (nog steeds) gestimuleerd.

Sommige "specialisten" van het hart hadden weliswaar reeds baanbrekend werk verricht in onderzoek naar de rol van emoties. Het was echter wachten op de werken van Daniel Goleman over emotionele intelligentie, die ons in 1995 pas echt een pragmatische kijk en een duidelijk inzicht gaven in deze "ontbrekende schakel". Het ging hier niet zozeer om een ontdekking, maar veeleer om een glasheldere en coherente voorstelling van elementen die men eigenlijk al langer aanvoelde. Goleman leerde ons luisteren naar de boodschap die emoties voor ons hebben. Begrip van het emotionele leven is sowieso een recente wetenschap die zich nog sterk moet en zal ontwikkelen.

De zaag slijpen

Door dagelijkse uitdagingen raken onze fysieke, mentale en emotionele batterijen een deel van hun energie kwijt. Relationele conflicten zullen vooral onze emotionele batterij treffen. Een opeenstapeling van ingewikkelde dossiers en problemen zal eerder onze mentale batterij aantasten, terwijl intense of langdurige fysieke belastingen (verplaatsingen, reizen, slaapproblemen…) onze fysieke capaciteiten kunnen verminderen.

Ons lichaam en onze geest reageren gelukkig wel op deze energietekorten en proberen ons in te lichten over deze "overspanning, overbelasting en stress" via alarmsignalen. Indien we goed zouden luisteren naar de boodschappen van ons organisme kunnen we de betekenis van deze signalen ontcijferen. Spijtig genoeg zijn we al te vaak nonchalant, of "willen" of "kunnen" we gewoon niet luisteren.

In het stadium van de "panne" waar we dan geconfronteerd worden met fysieke en psychische schade, is het vaak te laat om nog te reageren: een burn-out vergt minimum 6 maanden tot twee jaren om te herstellen (op voorwaarde dat dit überhaupt nog wel mogelijk is).

Het verhaal van de houthakker illustreert dit thema.
Op wandel in het bos ontmoet je een man die een boom aan het doorzagen is.
- *Wat doe je?*
- *Zie je dat niet? Ik zaag deze boom door.*
- *Je ziet er moe uit. Hoe lang ben je al aan het zagen?*
- *Al bijna vijf uur en ik ben uitgeput. Het is zwaar werk.*
- *Waarom neem je niet een paar minuten pauze? Ondertussen kan je jouw zaag slijpen. Ik ben er zeker van dat het dan nog eens zo snel zal gaan.*
- *Ik heb <u>geen tijd</u> om te stoppen. Ik heb <u>teveel werk</u>.*

Vaak zijn we zo druk bezig met "zagen" (resultaten produceren) dat we vergeten om onze "zaag te slijpen" (onze capaciteiten behouden of ontwikke-

len om toekomstige resultaten te produceren). Als we onze capaciteit in elk van de drie zones, de fysieke, mentale en emotionele, niet op tijd en stond herladen, raken we snel uitgeput door dat onevenwicht.
Naarmate we meer te weten komen over de mysteries van de menselijke alchemie, decoderen we beter de wijze waarop onze drie batterijen met elkaar praten en hoe ze elkaar beïnvloeden, ondersteunen, aanvullen en verrijken.

Het Pareto principe

Einde 19de eeuw bestudeerde de Italiaanse economist Vilfredo Pareto de verdeling van rijkdom in Europa. Hij ontdekte dat steeds dezelfde mathematische formule terugkeert: de curve van sociale ongelijkheid valt telkens te herleiden tot een 80 op 20 verhouding. 80 % van de rijkdom is in de handen van 20 % van de mensen. Op basis hiervan creëert hij de curve van Pareto die gebaseerd is op extremen. Dit in tegenstelling tot de curve van Gauss die gebaseerd is op gemiddelden.

Het Pareto principe werd in de 20ste eeuw ook op vele andere domeinen toegepast. Zo ontdekte men dat het merendeel van de boeken wordt gekocht door een minderheid van lezers en dat een klein deel van de routes het grootste percentage wagens verwerkt . Volgens het Pareto-principe van de arbeidswereld (zie glossarium) vertegenwoordigen 20% van de klanten 80% van het omzetcijfer. Het komt er dus op aan deze 20% duidelijk te identificeren en hen alle aandacht te geven die ze verdienen.

Heb je er al eens bij stilgestaan dat je deze 80/20-regel ook op je beroeps- en privé-leven kan toepassen om zo beter te genieten van die 20 % activiteiten die je 80 % van je welzijn en je voldoening verschaffen?! Als je jezelf op het essentiële concentreert, zal je daar meer plezier aan beleven dan je had verwacht.

We zullen deze oefening binnen elk hoofdstuk in dit boek maken: elk hoofdstuk zal vergezeld zijn van een paragraaf met als titel "Pareto". In enkele zinnen zal deze het hoofdstuk, de kerngedachte en de voornaamste praktische tips samenvatten.

Hoe moeten we "de zaag slijpen"?

Naarmate je verder leest zal je de fysiologische achtergrond van de drie batterijen beter leren kennen: hun brandstof, hun pannes, kortsluitingen, ontladingen, heropladingen, onderhoud, versterking, en herstel. Om zijn vermoeidheid en zijn stress onder controle te kunnen houden en in staat te zijn om al zijn mentale en emotionele energie te mobiliseren op het gewenste moment, moet elke bedrijfsatleet een persoonlijk trainingsprogramma bezitten dat makkelijk haalbaar, compleet en coherent is.

Hoe slijpen we onze zaag, op welk moment, hoe lang en hoe dikwijls en met welk gereedschap? Dat zijn de vragen waarop we je een eenvoudig en onmiddellijk toepasbaar antwoord zullen geven.

I. FYSIOLOGISCHE WETTEN

1. Wet van de fysiologische slijtage

Het verlies aan energie en vitaliteit is een combinatie van genetisch bepaalde factoren (genetische fataliteit) én persoonlijke factoren verbonden aan de levenswijze en de belevingswijze van gebeurtenissen.

1.1. Genetische factoren

Ons biologisch programma – erfelijkheid, levensduur – staat in onze genen geschreven. Het menselijk lichaam bestaat uit miljarden en miljarden cellen met een levensduur, die afhangt van het type organen of weefsels. Een gezond hart kan tot 200 jaar kloppen en een maag zou 300 jaar kunnen meegaan. Alle functies in acht genomen zou de mens eigenlijk biologisch geprogrammeerd zijn om 120 jaar te leven. Dat stemt tot nadenken. Een kleine anekdote hierbij: in het midden van de 19de eeuw werd de pensioengerechtigde leeftijd vastgelegd op 65 jaar terwijl de levensverwachting eigenlijk slechts 45 jaar bedroeg. Als men deze verhouding vandaag de dag zou doortrekken, zou men zijn pensioen pas op 100 jarige leeftijd ontvangen!

Het merendeel van onze belangrijkste vitale functies kan zichzelf in stand houden en zich zelfs verder ontwikkelen, ook al vermindert de reproductie van cellen met de leeftijd. Door training én door juiste voeding ontstaan er immers nieuwe connecties tussen cellen zodat ze beter gaan functioneren. Hetzelfde kunnen we zeggen over onze weefsels en organen: bij geregelde stimulatie passen ze zich aan om aan de prikkel te kunnen beantwoorden. Het stimuleren van organische functies is één van de sleutelfactoren voor hun behoud en ontwikkeling. Het is één van de mirakels van de natuur: **door ons aan druk bloot te stellen verbeteren wij!**

De genetische vermindering van beschikbare energie wordt reëel vanaf 18-20 jaar, maar daar merk je op die leeftijd nauwelijks iets van. Meer zichtbaar (en voelbaar) wordt de fysiologische achteruitgang vanaf 25-30 jarige leeftijd, en zeer zeker vanaf 35-40 jarige leeftijd: slijtage van de cellen, progressieve vertraging in productie van bepaalde hormonen, vermindering in cardiologische tonus en zeer zeker in reflexen. Op de leeftijd van 35 jaar vergt één nachtje zonder slaap meerdere dagen recuperatie, terwijl dit energietekort op een leeftijd van 20 jaar in twee dagen weggeveegd is.

1.2. Persoonlijke factor versus structurele factor

Na de invloed van de genetische factoren is het nu de beurt aan twee andere factoren die de schommelingen van mijn energiepotentieel verklaren: de persoonlijke factor (ikzelf) en de structurele factor (mijn omgeving). We kunnen uiteraard niet alles op de rug van de persoonlijke factor afschuiven. De onderneming, de omgeving en de omkadering spelen eveneens een belangrijke rol.

De beste resultaten worden verkregen als de acties ter versterking van zichzelf kunnen steunen op structurele acties. Enerzijds doet het individu zelf een inspanning om de factoren die van hem afhangen te verbeteren. Anderzijds moet ook het bedrijf een bepaalde structuur aanbieden om te kunnen voldoen aan de eisen, die het werk oplegt. Het is de combinatie van die twee factoren die de meest duurzame resultaten oplevert.

Let wel: dat is "slecht nieuws" want het is veel makkelijker om te beweren dat het vooral de structurele factoren zijn die jou het meest uitputten: "De manager begrijpt mij niet ...", "De organistatie van mijn bedrijf deugd niet ...". Neen, we moeten met de idee leren leven dat we zelf verantwoordelijk zijn voor een deel van ons energietekort. Goed beseffen dat we ons bestaan kunnen controleren. Weten dat we in staat zijn om heel wat gebeurtenissen te beïnvloeden in plaats van te denken dat ze te wijten zijn aan de fout van anderen of aan een tragische fataliteit. Niet afwachten maar een proactieve houding aannemen. Dat is minder gemakkelijk dan onszelf te beklagen, maar de resultaten zijn veel concreter, want ze hangen van uzelf af.

Dit boek gaat vooral over de persoonlijke factoren, namelijk diegene die afhangen van het individu zelf. Het gaat om het besef hoeveel controle we kunnen uitoefenen over onszelf en over een deel van onze omgeving.

1.3. Strijdveld van de persoonlijke factor

Onze manier van leven en enkele 'foutjes in onze rijstijl' beroven het organisme van de zo noodzakelijke energiereserves: alomtegenwoordige dagdagelijkse stress, tekort aan recuperatie, onvoldoende slaap of verkeerde gewoonten op gebied van voeding. Onze 'vorm' gaat achteruit, fysieke en psychische probleempjes duiken op: migraine, rugpijn, problemen met de spijsvertering, depressies of geïrriteerdheid.

Hier begint eigenlijk een vicieuze cirkel: slechte eetgewoonten veroorzaken slaapproblemen, die op hun beurt vermoeidheid tot gevolg hebben. Waardoor men dan weer sneller geïrriteerd geraakt (relationele problemen) en ook geen 'fut' meer heeft om zich fysiek bij te trainen. Dit gebrek aan of ontbreken van fysieke oefening favoriseert stijfheid, musculaire en articulaire problemen. Deze kwaaltjes dienen dan weer als excuus: "Ik kan niet, want ik kwets mij altijd...". Deze vicieuze cirkel weerhoudt vele mensen ervan hun fysieke functioneren te stimuleren.

Onze manier van leven en denken, gecombineerd met een aantal "gedragsfouten" zijn persoonlijke factoren die de reserves van ons organisme uitputten. Ziehier vier grote factoren die de fysiologische slijtage versnellen en waar je zelf iets kunt aan doen.

1.3.1. *De afwezigheid van prikkels* – raakt de 3 batterijen

Als we de belangrijkste functies van het organisme onvoldoende stimuleren, zullen ze geleidelijk aan ontregeld raken. Het gebrek aan fysieke en intellectuele activiteit maakt ons zwak en vermindert onze capaciteiten. Als ik de verschillende fysieke en psychische functies van mijn organisme onderhoud, stimuleer ik ze zodat ze hun capaciteiten behouden en ook verder blijven ontwikkelen.

1.3.2. *De levenshygiëne* – fysieke batterij

Als we ons organisme overmatig blootstellen aan bepaalde types van interne of externe agressors, zullen onze cellen voortijdig versleten raken en zal ons genetisch kapitaal afbrokkelen. Maak uw keuze:
- microben;
- trauma's;
- te veel zon;
- tabak, alcohol;
- verkeerde eetgewoontes;
- vrije radicalen;
- overgewicht;
- slaapgebrek...

1.3.3. *Denkwijze* – mentale batterij

De menselijke geest is sterk onderhevig aan bepaalde vormen van "mentale pollutie". Wij zijn er ons misschien niet bewust van maar onze manier van denken is vaak de oorzaak van persoonlijke stress. Het vermindert onze intellectuele capaciteiten en werkt bepaalde ziektes in de hand (of vertraagt hun genezing).

Onder de meest voorkomende mentale parasieten vinden we:
- irrationeel denken ('Ik moet...', 'Ik mag niet...', ...);
- vasthouden aan overtuigingen (zonder gecontroleerd te hebben van wie ze komen en of ze wel 'waar' zijn...);
- (te hoge of te lage) persoonlijke verwachtingen;
- rollenspellen (cf. de virtuele IK);
- interpretaties (vervorming van de realiteit);
- automatische gedachten en mentale blokkades.

1.3.4. *Emotionele factoren* - emotionele batterij

Het niet bevredigen van emotionele noden kan zware consequenties hebben voor het functioneren van onze organen. De behoefte om te beminnen en/of bemind te worden is essentieel voor alle leeftijden. Dit kan weliswaar tegengewerkt worden door de moeilijkheid die sommige mensen ondervinden om sociale relaties te ontwikkelen (timiditeit - agressiviteit) of door moeilijke periodes in het leven (rouw, scheiding...).

Enkele belangrijke emotionele factoren, die onze vitale tonus kunnen verstoren, zijn de volgende:
- een gebrek aan affectie;
- emotionaliteit (overdreven emotioneel reageren);
- isolement (ongewenste eenzaamheid).

Deze vier factoren van slijtage en eventuele tips in verband daarmee worden besproken in de volgende hoofdstukken.

De Pareto

Het verlies van energie en vitaliteit is de combinatie van onontkoombare genetische factoren (fysiologische slijtage) en persoonlijke factoren die van mezelf afhangen (irrationele gedachten, emotionaliteit, levenshygiëne en andere gedragsfactoren).
Als ik deze persoonlijke factoren aanpak, krijg ik een reële controle over mezelf en daardoor ook over mijn omgeving.
Om deze controle uit te oefenen, moet ik flexibel leren blijven onder spanning, wat perfect mogelijk is indien ik bereid ben mezelf mentaal en emotioneel te versterken, en bovendien mijn fysieke energie sneller en efficiënter te leren heropladen.

De kernzin

Ik werk eerst aan mezelf.

2. Wet van de globale energie

Er is geen duurzame energie zonder een perfect evenwicht tussen de fysieke, mentale en emotionele functies. De onderneming en haar overlevingsstrijd, de sport en zijn uitdagingen bewijzen ons elke dag opnieuw hoe belangrijk de drie dimensies en hun onverbrekelijke complementariteit zijn waarbij elk van de drie batterijen een even belangrijke rol speelt, net zoals de stukjes van een puzzel die op hun plaats vallen. De beste programma's qua beroepsvorming en sporttraining tonen de impact aan van een globale en gelijktijdige actie op de drie batterijen.

2.1. Interne Positieve Staat (I.P.S.)

Een goed beheer van de cycli van ontladen en opladen van energie manifesteert zich vooral in fysieke tonus, mentale kracht en emotioneel evenwicht. Als we over deze drie mogelijkheden beschikken, zullen we onze initiatieven makkelijker kunnen verwezenlijken. Als ik voel dat ik door deze inwendige krachten gedreven word, bevind ik mij in een ideale positie tot succes: ik los de problemen snel op, ik argumenteer vlot, ik leid de debatten efficiënt, enz. Dat gelukzalig moment noemen wij de Interne Positieve Staat (I.P.S.). Atleten spreken hier over 'the zone.'

De bedrijfsatleet zal al zijn talent aanwenden om zijn persoonlijke I.P.S. op vraag tot stand te brengen, met name wanneer de situatie dat vereist. Het spreekt voor zich dat hij zich niet de ganse dag in een I.P.S. moet bevinden, maar dit is wel zo op cruciale momenten: tijdens een presentatie, een onderhandeling, een evaluatie of een creatie. De sportwetenschappen hebben dit onderzoek verder uitgediept. Zo heeft men achterhaald welke de 12 meest courante factoren zijn tijdens deze toestand van succes. Wanneer ik in een I.P.S. verkeer, voel ik me:

- zelfzeker: grote uitstraling;
- ongedwongen: er mag gebeuren wat wil;
- inwendig kalm: alles onder controle;
- spontaan: alles gaat vanzelf;
- sereen;
- alert: scherp van geest;
- vol energie;
- geconcentreerd;
- optimistisch;
- zelfzeker;
- goedgehumeurd;
- FUN: je hebt er plezier in !!!

H0030411

2.2. *Zelfvertrouwen en I.P.S.*

De meeste mensen geloven in iets. De sterkte van dat geloof hangt meestal af van de prestatie of het resultaat: iets uiterlijks, en dus veranderlijk! Toch is geloof belangrijk, want daaruit kan je zelfvertrouwen ontwikkelen. Je kan geloven zonder vertrouwen, maar niet vertrouwen zonder geloof in eigen kunnen. Vertrouwen verschilt van geloof en zelfvertrouwen doordat het niet afhankelijk is van resultaat en succes. Het houdt in dat je jezelf blijft inzetten alsof je gaat winnen, ook al blijkt dat niet het geval te zijn. Het is iets dat je ontwikkelt, niet iets waarmee je geboren wordt en het ontwikkelen ervan kost tijd!

Verwacht geen mirakels: prestaties zijn veranderlijk en er bestaan (helaas) geen wondermiddeltjes. Het is vooral op momenten van twijfel (wanneer je echt slecht presteert) dat je kan zien hoe sterk je vertrouwen is en je wilskracht. In de zone presteren, vereist hard werken en toewijding.
Het grootste gevecht gebeurt in je hoofd. In onze maatschappij verbindt men prestaties te veel met de persoon (denk maar aan de termen 'winner en loser...'). Het is beter een onderscheid te maken tussen de twee, anders worden je gevoelens onderhevig aan je resultaten. Het doel is immers controle te verwerven over de omstandigheden en niet het slachtoffer te zijn ervan. **Je bent geen slechter mens indien je verliest, anderzijds ben je niet meer waard als mens indien je wint.**

Sportief zelfvertrouwen is het vermogen om *een bepaalde psychologische staat van ideaal inwendig klimaat* (I.P.S.) te kunnen creëren en te bewaren, *die nodig is om een topprestatie te leveren.* Voor elke atleet bestaat er een I.P.S. De Interne Positieve Staat is een afspiegeling van hoe men zich van binnen voelt. Voelt een atleet zich goed, dan is zijn prestatie goed.

De juiste combinatie van gevoelens zal die mentale reactie oproepen die aanleiding geeft tot een topprestatie. Een topprestatie geeft je een idee tot wat je in staat bent. Indien we een topprestatie quoteren met 100/100, weten we alle andere keren (wedstrijd/training) op hoeveel procent we presteren.

"In de zone" spelen gebeurt meestal wanneer de atleet zijn aandacht gebundeld houdt. De prestatie gebeurt zo automatisch dat er bijna geen nood is om zich naar een intern aandachtsveld te richten om te analyseren (linkerhelft van ons brein) of aanpassingen te maken. Alles lijkt vanzelf te gaan. We 'denken' er niet bij na. "In de zone" schakelt een atleet over op automatische piloot. Hij concentreert zich op het nu (= de bal, de tegenstrever, ...) en de concentratie is zo sterk dat hij als het ware elke actie anticipeert. Doordat er minder verschuivingen van de concentratiefocus plaatsvinden, kan de aandacht ook gericht blijven op taakrelevante factoren gedurende een langere periode.

Dit kan resulteren in veranderingen van je gewaarwording. Tijd lijkt trager te gaan, voorwerpen (bal) zijn groter en bewegen langzamer. Je anticipeert perfect. Er is een gevoel van totale controle: je lijkt op voorhand te weten wat er zal gebeuren.

In de bedrijfswereld is het net hetzelfde. Wanneer je bedrijfsatleten vraagt een voorbije topprestatie (vb. een fantastische presentatie voor heel de afdeling) te beschrijven, vermelden zij net dezelfde eigenschappen als een sportatleet. Je voelt je blij en in extase: lichaam en geest werken perfect samen!

Een topprestatie (in de zone spelen) komt in elke sport voor, maar niet bij elke speler. **Weinigen kunnen uit eigen wil een topprestatie creëren. Het lijkt eerder een toevalligheid dan een bewust controleerbare factor !**

Om de juiste mentale ingesteldheid te verwerven die nodig is voor een topprestatie, kunnen we bepaalde vaardigheden aanleren via een duidelijk en gestructureerd mentaal programma. *De psychologie heeft voldoende inzicht gekregen in de werking van ons bewustzijn en de wijzigingen ervan, om uit te leggen hoe menselijke prestaties beïnvloed kunnen worden.* Zowel "in de zone" spelen als faalangst op de beslissende momenten zijn voorbeelden van een bepaalde toestand van ons bewustzijn. Het is een nobel doel hierover controle te verkrijgen. In hoofdstuk twee en drie komen we hier uitgebreid op terug (cf. mentale batterij: “Reinforcement & Resistance”).

2.3. *Plezier en efficiëntie*

De hormonale invloed die het sterkst aanwezig is tijdens een I.P.S. is noradrenaline. Een heel interessant hormoon want de aanwezigheid ervan verhoogt ook de aandacht en de alertheid. Noradrenaline wordt geproduceerd door de bijnieren die aan beide kanten van de nieren liggen. Elke lach veroorzaakt een miniontlading van noradrenaline: een lach is als een versnelde ademhaling. De snelle bewegingen van het middenrif tijdens deze inademingen stimuleren de bijnieren waardoor er noradrenaline vrijkomt.

Daaruit zou men dus kunnen afleiden dat het goede humeur en de lach het persoonlijk prestatievermogen verbeteren. Zegt men niet aan de sportman dat hij zich op het terrein moet amuseren? Tijdens de persconferentie na de halve finale van Wimbledon 2002 die hij verloor, verklaarde Xavier Malisse: "Ik wou absoluut winnen. Ik vergat me te amuseren. Dat heeft mij gestresst!" Plezier en efficiëntie, dat is het recept.

A contrario hoeven we alleen maar na te gaan hoe zwak ons productiviteitsniveau is in een slecht arbeidsklimaat, hoeveel energie we verspillen in een onaangename omgeving en wat voor een pover resultaat we daar gewoonlijk wegzetten! Nu we de invloed van noradrenaline kennen, begrijpen we beter waarom de werkomgeving fysiologisch zo belangrijk is. Verderop in het boek komen we nog terug op de belangrijke wisselwerking tussen plezier en efficiëntie.

2.4. *De index van kwetsbaarheid*

Om mijn I.P.S. zo vaak mogelijk te bereiken, moet ik mijn drempel van kwetsbaarheid verlagen. Harder worden om de externe stimuli beter te kunnen weerstaan of soepeler worden om ze te kunnen relativeren. Zo is het interessant om even na te gaan welke praktische maatregelen er in de meeste beroepen en industrieën getroffen werden om de kwetsbaarheid van de materies en de systemen te verminderen: schokbestendige materialen (auto's), constructies tegen aardbevingen, bescherming van de beurzen tegen grote koersschommelingen, extra verzekeringen van de ondernemingen tegen marktrisico's, enz.

Zij respecteren allen hetzelfde wetenschappelijke schema: de "kwetsbaarheid" van een materie, van een systeem of van een persoon wordt bepaald door zijn drievoudige capaciteit om:
- te anticiperen;
- te resisteren;
- te recupereren.

Nemen wij het voorbeeld van de opwarming van de aarde en de te verwachten stijging van het waterpeil: verschillende landen worden bedreigd. De maatregelen die ze treffen, hangen af van hun index van kwetsbaarheid (risicograad) en van de middelen die ze hebben. Landen zoals Zwitserland, Nederland, Bangladesh zullen het probleem niet op dezelfde manier aanpakken. Zwitserland zal zich niet echt betrokken voelen. Nederland en Bangladesh veel meer, maar met verschillende middelen. De Nederlandse dijken worden nu reeds verhoogd (anticiperen) terwijl de politieke en economische situatie in Bangladesh dit wellicht onmogelijk maakt! Zij zullen dus moeten resisteren/recupereren.

2.5. Quid met de kwetsbaarheid van de mens?

Er is niet alleen het broeikaseffect! Ook op menselijk vlak moeten we rekening houden met een "opwarming" van de activiteiten. Het tempo neemt voortdurend toe. De 'golven van spanningen' worden steeds maar hoger en komen steeds maar sneller achter elkaar. De prestaties wegen steeds zwaarder en het ziet er niet naar uit dat de wereld zal vertragen!

De mens moet precies dezelfde beschermingsmaatregelen treffen om zijn kwetsbaarheid te verminderen. Hij moet dus in drie fasen:

- anticiperen: Het hoofd opheffen om te voelen vanwaar de wind komt en zich versterken in het vooruitzicht van.
- resisteren: Het hoofd koel houden en de juiste beslissingen onder druk nemen.
- recupereren: De batterijen snel en efficiënt herladen na een beproeving om de volgende het hoofd te kunnen bieden.

Je voelt reeds aan hoe efficiënt deze versterkingstechnieken kunnen werken, naarmate ze beter aangepast zijn aan de kenmerken van de aan gang zijnde cyclus: preventie, onder druk of na druk. Dit element zal uiteraard deel uitmaken van de globale methodologie van de versterking die wij in het tweede deel toelichten.

De Pareto

We moeten een evenwicht bewerkstelligen tussen de ontladingen en de opname van energie.
Een goed beheer van deze wisselwerking van energie creëert een Interne Positieve Staat waarin we de beste resultaten behalen.
Plezier en goed humeur zijn nauw verbonden met onze I.P.S.
Om onze index van kwetsbaarheid voor externe stimuli te verminderen, moeten we onszelf op voorhand versterken, onder druk zo goed mogelijk resisteren en na elke verstoring zo efficiënt mogelijk recupereren.

De kernzin

Ik hou van uitdagingen en heb er plezier in.

3. Wet van de interactie van de batterijen

3.1. Energietekort

Een sportman die slecht getraind is of boven zijn krachten gaat, loopt risico op kwetsuren, maar een bedrijfsatleet loopt nog veel meer risico. Een slecht beheer van de cycli van ontladen/heropladen kan snel leiden tot een energietekort.

Bruno staat aan het hoofd van een klein bedrijfje, waarvan hij één van de stichters is. Zodra het bedrijf zijn eerste successen boekt, is er al snel nood aan bijkomende middelen. In afwachting daarvan slaagt hij er niet in om iemand aan te werven om hem enigszins te ontlasten; hij neemt steeds meer taken op zich en zijn voornaamste prioriteit is het vinden van investeerders. De nachten zijn kort en vakantie neemt hij niet, doch dat is allemaal maar tijdelijk, want hij is vast van plan om iemand aan te werven zodra hij daarvoor de financiële middelen heeft. Hij voelt duidelijk aan dat hij vermoeid raakt, voelt zich niet goed in zijn vel, maar negeert deze signalen omdat de situatie volgens hem toch niet lang meer zal duren! Maar de conjunctuur gaat achteruit en de investeerders zijn niet gehaast. Bruno raakt steeds meer vermoeid, lichtgeraakt en gespannen. Deze situatie is schadelijk voor zijn nachtrust en voor zijn spijsvertering. Hij compenseert dit door 's avonds een paar glaasjes te drinken en slaappillen in te nemen.
Maar zijn uitputting neemt toe en hij kan zich steeds moeilijker concentreren. Hij is niet meer zo efficiënt als voorheen. En vooral 's avonds als hij alleen is, wordt hij futloos, zit voor zich uit te staren en bij het minste springen de tranen hem in de ogen. Enkele maanden later, op het slechtst mogelijke moment, stelt Bruno tot zijn grote schrik vast dat hij niet meer verder kan. Een hartaanval, een ongeval door verstrooidheid, of een zware ruzie met een collega. Het doet er niet toe: hij kan de boodschappen van zijn organisme niet langer negeren.
Hij kan wel zeggen dat hij de enige is die het dossier beheerst, dat zijn afwezigheid alles wat hij opgebouwd heeft, zou kunnen teniet doen, en dat het succes nu binnen handbereik ligt. Maar er is niets aan te doen: hij is niet meer in staat verder te werken! Gelukkig neemt zijn huisarts de beslissing in zijn plaats: Bruno moet minstens drie maanden ***volledige rust*** *nemen.*

Dit voorbeeld is uiteraard pure fictie, want geen enkele verantwoordelijke, deze naam waardig, noch werknemer met gezond verstand zal de zaken zo ver laten komen. En toch aanvaarden heel wat mensen, gedreven door adrenaline, om de grenzen die hun organisme aangeeft doelbewust te overschrijden. En op het einde van de rit noopt een panne hen, uiteraard op het slechtste moment, de nodige maatregelen te treffen en hun levenswijze grondig te reorganiseren. En ze mogen nog van geluk spreken als de panne slechts tijdelijk is, want anderen hebben minder geluk en kunnen het niet meer navertellen...

3.2. De signalen van het lichaam

Als we te vaak of te lang onder druk staan, kan dat heel wat onaangename reacties teweegbrengen voor onszelf of voor onze omgeving. Hun aantal en aard veranderen sterk van persoon tot persoon, maar we zijn allen geneigd om typische reacties op stress te ontwikkelen, die als het ware hun afdruk achterlaten.

Anne is al enkele maanden niet meer in vorm. Haar vitaliteit neemt af en de eerste symptomen manifesteren zich: migraine, rugpijn, problemen met de spijsvertering, neerslachtigheid. Ze belandt in een vicieuze cirkel: geen eetlust meer, haar slechte eetgewoonten bezorgen haar slapeloze nachten wat dan weer leidt tot vermoeidheid en irritatie (relationele problemen) die haar elke zin voor fysieke activiteit ontnemen. Dat tekort aan of afwezigheid van fysieke activiteit veroorzaakt stijfheid, spier- en gewrichtspijn wat een excuus vormt om de fysieke functies "vergeten" te stimuleren zodat ze zich ontgrieft van een waardevolle energiebron.

Deze symptomen kunnen zowel van fysieke, psychische als emotionele aard zijn. Bij sommigen zal zich dat bijvoorbeeld uiten in hoofdpijn, bij andere in eczema, geheugenstoornissen of irritatie. Deze veranderingen worden soms sneller opgemerkt door de omgeving dan door de betrokkene.

3.3. De Fysiologische circuits

Geconfronteerd met een stresserende gebeurtenis activeert het lichaam verschillende circuits om de juiste krachten te mobiliseren:
- hart: het hartritme versnelt en de bloeddruk stijgt;
- lever: de suiker die in de vorm van glycogeen opgeslagen wordt, wordt omgezet in glucose, de voornaamste brandstof voor de spieren;
- longen: de ademhaling versnelt en de zuurstofaanvoer neemt toe;
- milt: de rode bloedlichaampjes verspreiden zich in het lichaam om de spieren van zuurstof te voorzien;
- darmen: de spijsvertering verloopt trager opdat het organisme energie zou kunnen vrijmaken voor de spieren;
- ogen: de pupillen verwijden zich om beter te kunnen zien;

- haar: zet zich recht;
- immuniteitssysteem: de immunitaire respons wordt verminderd om de beschikbare energie beter te kunnen mobiliseren;
- bijnieren: worden geactiveerd om catecholamines af te scheiden, stimulerende hormonen waarvan adrenaline het meest gekend is;
- hersenen: de hersenschors scheidt cortisol af, een hormoon dat het metabolisme reguleert en onze alertheid opwekt.

De activering van deze circuits produceert een onmiddellijk beschikbare energie om adequaat te kunnen reageren op de stressors.

3.4. Vrijgekomen of opgeslagen energie

Geen probleem ingeval deze energie effectief gebruikt wordt: dat is het gezonde principe van vluchten (flight) ofwel strijden (fight) dat onze voorouders hanteerden. Wanneer de Neanderthaler geconfronteerd werd met een sabeltandtijger had hij twee opties: vechten of vluchten. De derde optie (niets doen) was geen goede, want dan zou hij deel worden van de voedselketen. De hormonale opwinding van de Neanderthaler werd opgelost door te vluchten of te strijden. De actie was een ideale uitlaatklep en werkte als hormonale regulator.

Het aantal stressors voor de oerbewoners van onze planeet was redelijk beperkt: natuurelementen, wilde beesten, vijandelijke stammen… Het stressmechanisme was daarvoor perfect uitgerust. Een kortstondige productie van cortisol en adrenaline als reactie op stress, kan men zelfs een gezonde prikkel noemen.

In de moderne tijden daarentegen is het aantal mogelijke stressors oneindig in aantal. Wij leven vaak onder chronische stress. Dit is nefast want onze mogelijke reacties zijn zo beknot. De stress van de pendelaar die voor de zoveelste keer geblokkeerd zit in een file is uiterst nefast voor het organisme. Want waar is de mogelijkheid tot vechten of vluchten waar hij/zij zijn/haar (negatief geladen) energie kwijt kan? Elke dag brengt nieuwe spanningen met zich mee waarop het lichaam automatisch instinctmatig een serie reacties loslaat, maar de maatschappelijke of hiërarchische context remt eventuele bevrijdende acties af. We kunnen immers niet altijd zeggen wat we denken (het zou anders een mooi zicht zijn…) of doen wat we zouden willen. Wij kroppen enorm veel op.

Wanneer de (re)actie afgeremd wordt en deze opgestapelde energie niet voor een bevrijdende actie gebruikt wordt, keert ze zich tegen het individu. Ons afweermechanisme is eigenlijk niet gemaakt om te reageren op zo'n groot aantal stressors en vooral niet op chronische stress.

Een eventuele opeenstapeling van fysiologische belastingen put het organisme dan ook uit:
- hersenen: de cortisol wordt giftig voor de neuronen. Risico op vermoeidheid, woede, depressie;
- ingewanden: het darmslijmvlies wordt aangetast door de opstoten van adrenaline,
- bloedsomloop: de verhoging van de bloeddruk en van het hartritme schaden de elasticiteit van de bloedvaten;
- bij het vrijmaken van glucose uit de 'opslagplaatsen' en het terug opbergen van wat er niet 'gebruikt' is, gaat er ongeveer 30 % van de energie verloren. Chronische stress put uit, en verzwakt ons immuniteitssysteem.

3.5. *Drie stadia*

Dit proces van fysiologische aftakeling treft onze drie batterijen. Naarmate ze opgebruikt raken, geven ze elk op hun manier bepaalde alarmsignalen. Een beetje zoals een wagen waarvan de boordcomputer problemen signaleert of een kans op motorpech. Wanneer er een verklikkerlampje op het dashboard van onze wagen gaat branden, zijn we doorgaans onmiddellijk op onze hoede. Geldt dat ook voor onze lichamelijke motor?

De signalen manifesteren zich in drie opeenvolgende stadia:
- alarm;
- weerstand;
- uitputting.

Fase 1: Alarm
Het verklikkerlampje op je dashboard begint te knipperen: je hebt nog brandstof voor 50 km! Als een goed bedrijfssoldaat, laat ik mij daardoor niet tegenhouden. Trouwens ik heb geen tijd om te stoppen: "Ik kan het mij niet veroorloven om ... Ik rijd verder, en zal later wel tanken!"

Fase 2: Weerstand
40 km verder flikkert het lampje niet meer. Het blijft branden als een spot in mijn gezicht. Het wordt nu echt tijd om wat bij te tanken. Ik dreig "in panne" te vallen. "Verdorie, waar is er nu toch een benzinestation?"

Fase 3: Uitputting

Hier wordt onze bedrijfssoldaat, verblind door zijn ultieme opdracht, een "bedrijfskamikaze": bereid om zijn gezondheid (zijn leven) op het spel te zetten voor de goede zaak. Bij gebrek aan bevoorrading valt hij "in panne". De energiereserves zijn opgedroogd. Hij raakt uitgeput.

Begin met vaker te luisteren naar de boodschappen van je lichaam en hun betekenis objectief te herkennen. In het stadium van de "panne", met alle fysieke en psychische schade, is het te laat om nog te reageren.

Overzicht van de belangrijkste signalen

Fase 1: Alarmsignalen
- fysieke (en gedragssignalen): gespannen spieren (nek en rug), droge mond, toegeknepen keel, gebrek aan eetlust, niet kunnen stilzitten, nagelbijten, tanden knarsen;
- emotionele: plotse woedeaanval, wantrouwen, angst, irritatie, agressieve houding (vooral achter het stuur);
- mentale: besluiteloosheid, verwardheid, verstrooidheid, bezorgdheid.

Fase 2: Weerstandssignalen
- fysieke: zenuwtrillingen, herhaalde spijsverteringsstoornissen, huiduitslag en -problemen, kleine ziekteverschijnselen, chronische slaapproblemen (ten minste 1 maand), chronische vermoeidheid, verhoogd gebruik van tabak/alcohol;
- emotionele: angst, overdreven jaloersheid, neiging tot afzondering, verlies van belangstelling, zelfkritiek, gebrek aan zelfrespect, schrik voor de anderen en schrik om te mislukken, neiging tot wenen, onvermogen om zijn vreugde nog te uiten;
- mentale: geheugenstoornissen, dalende concentratie, verlies van creativiteit, schrik voor nieuwigheden, obsessie voor het verleden, verlies van zin voor humor.

Fase 3: Uitputtingssignalen

Door overbelasting zal het organisme zijn immunitaire weerstand geleidelijk verliezen. In dat stadium zijn de drie batterijen opgebruikt met als gevolg:
- burn-out (depressie);
- opduiken van allerhande serieuze spijsverteringsproblemen;
- verzwakking van het immuniteitssysteem wat de deur openzet voor "agressors";
- snellere ontwikkeling van tumoren;
- toename van het risico op hart- en vaatziekten.

De signalen van fase 1 barsten snel en op zeer korte termijn los. Ze zijn van voorbijgaande aard, zoals plankenkoorts vóór een toespraak die verdwijnt zodra men eraan begint.

De weerstandsignalen zijn chronische manifestaties die meerdere dagen aanslepen. Als het om slaapproblemen gaat, heeft men één maand nodig om de problemen als "chronisch" te kunnen bestempelen.

De symptomen van uitputting hebben een trage incubatietijd. Het lichaam heeft 6 maanden tot 2 jaar 'nodig' om zijn problemen in de vorm van ernstige ziekten te uiten. Elk individu is anders en put op zijn eigen manier uit zijn energiereservoir om de dagelijkse uitdagingen het hoofd te bieden. Iedereen reageert op zijn manier op energietekorten naargelang zijn fysieke of psychische toestand.

Eerste regel om deze helse spiraal te doorbreken: **jouw eigen alarmsignalen leren herkennen, aanvaarden en interpreteren.** *Zoals de fabrieksdirecteur die wanneer hij buikpijn krijgt (- voor hem een teken van grote spanning-) rechtstaat, gaat sporten en zijn dagen lichter maakt.* Het komt er dus op neer de perverse logica te doorbreken waarbij eigenwaarde en beroepsprestatie met elkaar verward worden. Wat ik doe tijdens mijn werk is niet wat ik ben in het leven.

De Pareto

Een opeenhoping van spanningen en energietekort worden aangegeven door fysieke, mentale of emotionele signalen.
Deze signalen van het lichaam moeten beschouwd worden als alarmbellen waaraan aandacht besteed moet worden.
Zelfs al zijn ze negatief, ze delen belangrijke informatie mee over onze inwendige fysiologie. De signalen zijn meestal duidelijk. Je moet ze willen zien en er naar luisteren.
Luister daarom even goed naar de signalen van je lichaam als naar de knipperlichten op het dashboard van jouw wagen om zo elk risico op panne te vermijden.

1. ALARMSIGNALEN: Een eerste golf van signalen geeft duidelijk aan dat het evenwicht tussen spanning en recuperatie zoek is: gespannen spieren of toegeknepen keel (fysiek), angst of woede (emotioneel), verwarring of besluiteloosheid (mentaal).

2. WEERSTANDSSIGNALEN: Als je niet naar je lichaam luistert en jouw energievoorraad niet aanvult, beland je in een intensievere fase die je overspoelt met een tweede golf van krachtigere signalen: beven of allergieën (fysiek), wenen en afzondering (emotioneel), geheugen- of concentratiestoornissen (mentaal).

3. UITPUTTINGSSIGNALEN: de batterijen zijn plat. Wie niet naar zijn lichaam geluisterd heeft, belandt in het stadium van de depressie, ontwikkeling van tumoren of hart- en vaatziekten.

De kernzin

Ik luister naar de signalen van mijn lichaam.

4. Wet van de "stimulus van druk"

In 1966 selecteert een universiteit 5 studenten om hun fysiek uithoudingsvermogen te testen. Ze worden aan een hele reeks tests onderworpen waarbij hun uithouding, weerstand, explosiviteit, soepelheid en spierkracht gemeten worden. We krijgen een eerste reeks resultaten die we R1 noemen. Daarna worden diezelfde studenten verzocht om gedurende 3 weken in bed te blijven en ze mogen geen enkele fysieke activiteit uitoefenen. Na deze 3 weken hernemen zij dezelfde tests die een tweede reeks van resultaten oplevert, R2.

Het verschil tussen R1 en R2 meet de impact van inactiviteit op de fysieke vermogens. De resultaten zijn indrukwekkend, maar niet verrassend: bedenk maar hoe een arm die in het gips gezeten heeft, er na drie weken uitziet.

Het verhaal wordt pas echt interessant wanneer 30 jaar later, in 1996, een onderzoeker zijn werkzaamheden hervat en de "studenten" opnieuw contacteert. Hij wil dezelfde tests op dezelfde personen uitvoeren die ondertussen 50 jaar oud zijn. Zo bekomt hij een derde reeks resultaten, R3.
- *R1: op de leeftijd van 20 jaar.*
- *R2: na 3 weken fysieke rust.*
- *R3: op de leeftijd van 50 jaar.*

Het verschil tussen R1 en R3 geeft aan welke impact 30 jaar fysiologische slijtage van de fysieke batterijen heeft. Dat resultaat ligt binnen de verwachte normen. Wat totaal niet verwacht was, was het resultaat van de vergelijking tussen R2 en R3: R3 is beter dan R2!

3 weken fysieke inactiviteit hebben meer impact op de fysieke capaciteiten dan 30 jaar veroudering!

4.1. De stimulus van druk

Deze test toont duidelijk aan hoe belangrijk het is om onze vitale functies te stimuleren. Wanneer een functie niet langer gestimuleerd wordt, atrofieert ze en raakt ze verlamd. De omvang van deze terugval is indrukwekkend. 3 weken fysieke inactiviteit op de leeftijd van 20 jaar heeft een grotere negatieve impact op ons fysiek vermogen dan 30 jaar actieve veroudering. En wat geldt voor het fysieke, geldt tevens voor het psychische.

Wanneer we gedurende een zekere tijd het hoofdrekenen of een taal niet meer gebruiken, verliezen we onze snelheid of vlotheid. Het is dus duidelijk: we moeten onze batterijen gebruiken of ze lopen leeg. We moeten blijven bewegen, denken en uitproberen om onze capaciteiten te behouden. De schommeling tussen spanning en recuperatie is synoniem voor groei. Het onder druk zetten is de stimulus en de recuperatie is de fase waarin de groei zich voltrekt. Het kind wordt overdag gestimuleerd, maar groeit 's nachts tijdens de recuperatiefase.

4.2. De heilzame tegenspoed

Wat maakt ons sterker in het leven? Het strand, het mulle zand en de palmbomen, of de tegenslagen en beproevingen van het leven? Beiden: om problemen en hindernissen te overwinnen zet ik al mijn middelen in; door mezelf de nodige recuperatie te gunnen, kan ik ze verstevigen.

Om gemotiveerd te blijven zijn er echter overwinningen nodig. Om niet overmoedig te worden, zijn er mislukkingen nodig. In het leven en in de sport moet men vaak beide extremen meegemaakt hebben om de gulden middenweg te vinden. Ontelbaar zijn de kampioenen die hun tegenslagen hebben gebruikt om verder te groeien en terug op het voorplan te komen. Denk maar aan Ronaldo die na zijn gestuntel in '98 en al zijn fysieke tegenslagen zijn "wedergeboorte" beleefde tijdens de Wereldbeker in 2002. Of Agassi die nadat hij gezakt was tot onder de 100ste plaats op de wereldranglijst in '97 sterker dan ooit terugkwam.

Ook in de zakenwereld zijn er heel wat gevallen bekend van geslaagde ondernemers, die hun succes op het puin van hun vorige fiasco's opgebouwd hebben. Dat is juist de paradox van het succes. Wie in de "spots" van de actualiteit staat, kan verblind raken door het licht dat op hem afstraalt. Maar wie in het duister tast en aan het einde van zijn Latijn is, heeft eerder een omgekeerde fysiologische reflex. De ogen gaan wagenwijd open om beter te kunnen zien en zo vindt hij de echte waarden die de te bewandelen weg verlichten. De tegenslagen en beproevingen van het leven worden omgezet in de kracht om terug te slaan, als men ze maar aanvaardt als een tijdelijk verschijnsel en men de nieuwe waardeladder weet te beklimmen.

4.3. Positieve druk

We spreken van "positieve druk" als we er zelf voor kiezen om deze druk op ons te nemen. Hij is dus steeds positief want we hebben er vrij in toegestemd: "ik aanvaard deze delicate opdracht om te tonen wat ik kan, ik leer deze taal om me te versterken". Het einddoel is de persoonlijke ontwikkeling. Ervaring, kennis of zelfvertrouwen opdoen. Dat is het beste middel om de veranderende omgeving te kunnen bijbenen. Want rondom mij gaat alles steeds sneller: de termijnen verkorten en de eisen verzwaren.

Wat zal een tennisspeelster uit de Top 10 antwoorden op de volgende vraag: *"Op welke plaats zal je over een jaar staan, denk je, als je jouw huidige spelniveau behoudt zonder je capaciteiten te verbeteren?" "Op de 30e plaats! Omdat de mensen rond mij wel vooruitgang zullen gemaakt hebben".*
Zo gaat het ook in het beroepsleven, met of zonder raket in de hand. Wie niet mee evolueert, zal in de problemen raken omdat hij niet meegroeit met zijn omgeving. We spreken hier niet eens over de koplopers, maar gewoon over diegenen die netjes meerijden met het peloton. Een echte bedrijfsatleet moet zich onvermijdelijk blootgeven om zich te versterken.

4.4. "Over-" of "onder-" blootstelling

Om zich te versterken vormt de evaluatie van de druk waarvoor men kiest een belangrijk fysiologisch element.

OVER-BLOOTSTELLING = te lang en te intens blootgesteld zijn aan spanningen in verhouding tot de recuperatiemogelijkheden van het individu. Als de druk te zwaar en te ambitieus is, zal dat leiden tot contraprestaties (overbelasting), ongevallen (ziekte, werkverlet) of tot mislukking.

ONDER-BLOOTSTELLING = een te zwakke blootstelling vermindert onze capaciteiten. Het gebrek aan stimulatie van de batterijen verhindert het optimale gebruik van het eigen potentieel.

Het "overbeschermde" individu wordt weerloos, kijk maar naar overbeschermde kinderen. Je moet ze voorbereiden op momenten van intens geluk, maar ook op de confrontatie met de problemen van ons bestaan. Als je hen deze confrontatie onthoudt, zullen ze niet gewapend zijn om zich later te verdedigen. Dat geldt ook voor jezelf, voor je medewerkers en voor je omgeving: door mensen te beschermen denk je goed te doen, maar in feite verhinder je hen zich te ontwikkelen, erger nog, je geeft hen het gevoel dat ze zelf niets kunnen.

4.5. Evaluatie van de drukbelasting

Exact bepalen welke drukbelasting je aankunt, is iets wat weggelegd is voor de grote trainers die weten wat presteren zoal inhoudt.
De keuze van een "positieve druk" moet aan twee belangrijke criteria beantwoorden:

- Respect voor de doelstellingen: in welk domein moet ik me vooral versterken om de te bereiken doelstellingen zo dicht mogelijk te benaderen?
- Beschikbare energie: hoeveel energie kan ik hierin investeren?

Als we onze doelstellingen willen naleven, moeten we de "positieve druk" steeds kaderen in een globale evolutiecontext, anders heeft dit geen zin.
En voor wat onze beschikbare energie betreft, moeten we rekening houden met de duur en de intensiteit van de gekozen druk om zijn fysiologische impact op onze batterijen te meten (zie hierna).

4.6. Jaarlijkse curve

Een heel eenvoudig middel om deze impact te visualiseren, bestaat erin jouw "jaarlijkse drukcurve" op papier te zetten. De hierbij gevoegde tabel geeft op de x-as de duur weer en op de y-as de intensiteit.
Bij wijze van oefening kan je even het voorbije jaar bekijken: evalueer de intensiteit van de globale druk (privé + professioneel) die je in elk van de 12 voorbije maanden hebt ondergaan.
Als je bijvoorbeeld in februari een hoge globale druk hebt ervaren, markeer je de intensiteit op zeer sterk voor de maand februari.

Figuur 3: Jaarlijkse curve van druk

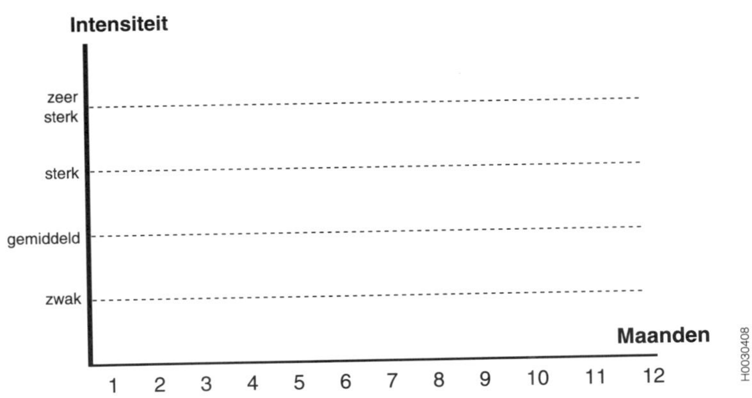

Doe nu hetzelfde voor de 12 komende maanden. Houd ook rekening met privé-gebeurtenissen die de curve zouden kunnen beïnvloeden (verhuis, huwelijk, geboorte, …) Verbind nu de merktekens om je "jaarlijkse drukcurve" te tekenen. Uiteraard is het niet evident om dat allemaal te voorzien, maar je maakt deze oefening toch ook als je een business plan opstelt of een lening op lange termijn aangaat? Deze curve leert je de drukke periodes kennen waarin je weinig zult kunnen werken aan je persoonlijke versterking. Ze geeft je ook de kalme periodes aan die je daarvoor wel kunt gebruiken.

4.7. Soorten van blootstelling

Als je één bepaalde batterij wil opladen, kunnen wij je een aantal concrete voorbeelden geven van mogelijke blootstellingen:

- mentaal: lancering van nieuwe projecten, nieuwe verantwoordelijkheden opnemen, opleidingen van het korte type, 3e cyclus van het lange type, e-learning;
- emotioneel: in het openbaar leren spreken, "neen" leren zeggen in bepaalde situaties, een gunst durven vragen;
- fysiek: de trap nemen, vaker te voet gaan, één of andere fysieke activiteit beginnen om jezelf te versterken.

De mentale en fysieke blootstellingen zijn klassiek en doorgaans goed gekend. Je weet wellicht hoe ze in hun werk gaan en de nu volgende hoofdstukken kunnen je daarbij helpen. Met de emotionele blootstellingen ben je daarentegen iets minder vertrouwd. In de sport gebruikt men al lang de "schalen van emotionele blootstelling" om deze heel speciale batterij geleidelijk op te laden.

Ziehier een aantal courante vragen uit het "privé- en beroepsleven" geklasseerd op een schaal van 1 tot 100, naar gelang van hun emotionele geladenheid:

10 *Een extra bediening vragen in een restaurant.*
20 *Op straat aan een mooie man of een knappe vrouw vragen hoe laat het is.*
20 *Een gunst vragen aan een buur die je kent.*
30 *Een gunst vragen aan een werkcollega die je goed kent.*
35 *Aan een hoger geplaatste verantwoordelijke vragen om je overuren te mogen recupereren.*
40 *In een restaurant vragen om de menu's te veranderen.*
45 *Het detail van een factuur opvragen bij een garagehouder.*
60 *Een loonsverhoging vragen.*
70 *Een verandering van uurrooster vragen in een nieuwe job.*

Om je emotioneel uithoudingsvermogen te testen: tot welk niveau van vraag durf je op deze schaal gaan zonder specifieke voorbereiding of terughoudendheid?

De ene persoon is natuurlijk de andere niet, en wat de ene stresst zal de andere misschien onverschillig laten. Dit heeft een louter informatieve waarde.

De Pareto

De blootstelling aan allerlei beproevingen en ook tegenslagen maakt ons sterker.
Spanning die niet gecompenseerd wordt door recuperatie schaadt de gezondheid en de efficiëntie.
Ik kan mijn uithoudingsvermogen ontwikkelen door me vrijwillig bloot te stellen aan "positieve druk".
Een beter uithoudingsvermogen betekent een snellere recuperatie. En recuperatie is synoniem voor groei.

De kernzin

Ik ben bereid mijzelf bloot te stellen aan druk om sterker te worden.

5. Wet van de globale versterking

De fysiologie van onze energiebanen is een coherent geheel dat we moeten onderhouden en herladen. De realiteit van de fysiologische wetten moet meespelen in de opstelling van een globaal programma voor fysieke, mentale en emotionele versterking. Dat programma hebben wij Mentally Fit genoemd. Het succes ervan in de sport en in de bedrijfswereld kenmerkt zich door een versterking van onze capaciteiten volgens twee interventie assen:

- X-as : *de cycli:* Op de tijdsas moet je een onderscheid maken tussen 3 cycli: jezelf versterken voor druk, weerstand bieden onder druk en efficiënt recupereren na druk.
- Y-as : *de batterij:* Elk van de drie batterijen vergt specifieke versterkingstechnieken. We bewerken het mentale of het emotionele aspect niet met dezelfde programma's als het fysieke. De interactie tussen de batterijen maakt het weliswaar makkelijker om informatie te delen, maar we moeten ze elk anders benaderen.

5.1. Reinforce - Resist - Recover

Mensen die met sport en gezondheid bezig zijn hebben reeds lang begrepen dat alleen een globale versterking van het individu zijn kwetsbaarheid verlaagt en hem een maximale efficiëntie garandeert. Zeer precieze modellen en actieplannen werden uitgewerkt en met succes uitgeprobeerd. Samengevat kunnen wij met zekerheid stellen dat een globale en **gelijktijdige actie op de drie batterijen** met respect voor de drie cycli van versterking vereist is.

Vandaar de Rooster van de "**3 R'en**"
- Fase 1: Reinforce - cyclus van versterking vóór de spanning;
- Fase 2: Resist - cyclus van weerstand onder spanning;
- Fase 3: Recover - cyclus van recuperatie na spanning.

De waarde - of tegelijk ook kwetsbaarheid - van elk individu is deze van zijn zwakste batterij! Want onder druk is het de zwakste batterij die het eerst zal begeven. Zullen het gezondheidsproblemen, emotionele kwetsbaarheid of concentratieverlies zijn? In elke cyclus is er een specifieke actie op de drie batterijen vereist. Enkel een globale versterking van het individu zal zijn kwetsbaarheid verminderen en hem een maximale efficiëntie garanderen.

De rooster van de "3 R'en" respecteert deze globale versterking van het individu en verschaft hem de middelen die specifiek geschikt zijn voor elke cyclus van het actieve leven. Dankzij een globale aanpak, gebaseerd op heel specifieke tips, krijgt iedereen de kans om zijn eigen programma van persoonlijke versterking uit te werken.

De rooster van de "3 R'en" geldt voor iedereen, zowel voor een privé- als voor een beroepsprestatie, een sport- of een financiële prestatie, of men nu op een bal klopt dan wel op een PC tokkelt. Een professionele ploeg is deze naam niet waard als ze deze beide assen niet voorziet in haar trainingsprogramma's.

En jij, met jouw ploeg en jijzelf, ben jij klaar om de uitdagingen en de druk die je te wachten staat, aan te gaan?

De nu volgende rooster geeft u een detailoverzicht van deze beide assen.

Figuur 4: Algemene methodologie - rooster van de "3 R'en"

	Cyclus van Reinforcement *Voor druk* De batterijen versterken	**Cyclus van Resistance** *Onder druk* Efficiënt blijven presteren	**Cyclus van Recovery** *Na druk* De batterijen heropladen
Mentaal	*Prioriteiten stellen*	*In perspectief plaatsen & Zelf-affirmatie*	*Slaap* *Voeding* *Lichamelijke oefening* *Humor* *Ontspanning* *Psychische noden* *Sociale contacten*
Emotioneel	*Confrontatie met de werkelijkheid*	*Uitlaatkleppen*	
Fysiek	*De fysiologische agenda & rituelen*	*Relaxatie-oefeningen*	

H0030642

Beschouw dit rooster als een kast met schuiven. Binnen elke schuif heb je een waaier van mogelijkheden om jezelf te versterken. Er zijn misschien zones bij die je nog niet verkend hebt, andere die je kent maar waarvan je de sleutels verloren hebt; sommige waarin je regelmatig acties onderneemt met gemengde resultaten, en tot slot enkele waar je reeds succesvol bent. Wij hebben voor jou een Pareto gemaakt van alle mogelijke acties, die jij zou kunnen ondernemen binnen elke lade van de kast. Het spreekt voor zich dat dit in onze ogen de belangrijkste acties zijn, en dat dit individueel enorm verschillend is.

5.2. Globale benadering - Rooster van de "3 R'en"

In de volgende drie hoofdstukken zullen wij elk van deze cycli in de diepte uitwerken:

1. Cyclus van de versterking: drie prioriteiten inzake het uithoudingsvermogen vóór de spanning:
- mentale "Reinforcement": de drie peilers van mentale energie;
- emotionele "Reinforcement": confrontatie met de waarheid (bewustwordingsproces) om het pincet te nemen en de doorn te verwijderen;
- fysieke "Reinforcement": de rituelen van mijn fysiologische agenda.

2. Cyclus van de weerstand: de wetten van de weerstand onder druk:
- mentale "Resistance": de spot verplaatsen om hem te richten naar oplossingen. Dit vereist flexibiliteit en rationeel denken;
- emotionele "Resistance": de uitlaatklep voor emoties openen;
- fysieke "Resistance": soepel blijven onder spanning door middel van ontspanningsoefeningen.

3. Cyclus van de recuperatie: zeven belangrijke mechanismen van recuperatie om de batterijen na de spanning te herladen.
   Deze hebben een wisselende invloed op elk van de 3 batterijen:
- slaap;
- ontspanning;
- voeding;
- fysieke oefening;
- psychische voldoening;
- sociale contacten;
- humor.

II. CYCLUS VAN VERSTERKING (REINFORCEMENT)

Anticiperen is het vermogen om een situatie te voorzien en er zijn gedrag op voorhand aan aan te passen rekening.

Anticiperen betekent zich versterken.
De versterking kan veroorzaakt worden door verschillende factoren: voeding, een compliment, felicitaties... Elk leerproces heeft behoefte aan versterking om stand te houden. Zonder deze systematische versterking zou de praktische toepassing ervan in de realiteit geleidelijk uitdoven onder het gewicht van de dagelijkse sleur.

In de gedragsfysiologie oordeelt men dat er minstens drie maanden nodig zijn om een nieuw gedragspatroon te verkrijgen. Ook in de sport is dit de minimumtermijn om een tijdens de training aangeleerde slag of techniek in competitieverband te leren gebruiken. In een onderneming zou het bijvoorbeeld gaan om de invoering van nieuwe efficiënte gedragswijzen, zoals de "clean desk" (opgeruimd bureau) of het uiten van erkentelijkheid. Het is de taak van de coach om deze overgang van een oude naar een nieuwe gedragswijze te bewerkstelligen.

De versterkende factoren verschillen van de ene batterij tot de andere. De mentale batterij verkent vooral de stimuli die onze psychische capaciteiten aanwakkeren. De emotionele concentreert zich op de erkenning van en het leren luisteren naar onze gevoelens om zo efficiënter te leren reageren. De fysieke kijkt vooral naar de biologische ritmen die elke dag regelen.

Dit hoofdstuk "versterking" geeft u, voor elke batterij, de meest aangewezen fysiologische volgorde in dit consolidatieproces.

De drie etappes van versterking vóór spanning

- MENTALE VERSTERKING: prioriteiten stellen.
  Wat betekent succes voor iemand? Welke doelstellingen hebben wij? Welke waarden kunnen ons motiveren? Om na te gaan of we vooruitgaan, moeten we eerst onze prioriteiten definiëren. Deze eerste etappe leidt tot een bewustwording en een betere zelfkennis.

- EMOTIONELE VERSTERKING: de waarheid inzien.
  Leer luisteren naar de emotionele signalen van je lichaam! Hoe moet je ze begrijpen en interpreteren om efficiënt te reageren en "energiepannes" te voorkomen?

- FYSIEKE VERSTERKING: respecteer de fysiologische agenda.
  Door ons werk fysiologisch beter te structureren zullen we minder energie verspillen en zetten we een belangrijke stap naar een betere uithouding. Luister naar het natuurlijke ritme van je lichaam en respecteer het om nutteloos energieverlies te voorkomen. Rituelen geven je een houvast en betere controle onder stress.

1. Mentale versterking – Prioriteiten stellen

Wat brengt ons in beweging?
Wat zet ons ertoe aan om te beginnen en vol te houden?

Figuur 5: prioriteiten stellen – rooster van de "3R'en"

	Cyclus van Reinforcement *Voor druk* De batterijen versterken	**Cyclus van Resistance** *Onder druk* Efficiënt blijven presteren	**Cyclus van Recovery** *Na druk* De batterijen heropladen
Mentaal	*Prioriteiten stellen*	*In perspectief plaatsen & Zelf-affirmatie*	*Slaap* *Voeding* *Lichamelijke oefening* *Humor* *Ontspanning* *Psychische noden* *Sociale contacten*
Emotioneel	*Confrontatie met de werkelijkheid*	*Uitlaatkleppen*	
Fysiek	*De fysiologische agenda & rituelen*	*Relaxatie-oefeningen*	

H0030635

Het verschil tussen mensen die succesvol zijn ('What's in a name…') en anderen ligt meestal niet in een gebrek aan kracht of kennis, maar vaak in een gebrek aan wilskracht. Op het einde van de jaren '60 verrichtte Abraham Maslow baanbrekend werk met zijn "piramide van de behoeften". Wat drijft mensen tot acties?

In vijf opeenvolgende niveaus lichtte hij de inwendige krachten toe die de mens tot handelen aanzetten. Naarmate de wetenschappelijke kennis evolueerde, konden de opvolgers van Maslow deze visie verfijnen en de piramide hertekenen in drie op elkaar gestapelde cilinders met een zelfde inhoud (zie tekening).

Alderfer was de eerste die in de jaren '70 de nieuwe schaal van de behoeften op deze wijze beschreef en ze verdeelde in drie gelijkwaardige niveaus, volgens zijn theorie E R G (zie glossarium):
- E = Behoefte aan Existentie
- R = Behoefte aan Relaties
- G = Behoefte aan Groei

Zo kwam hij tot een schaal van drie niveaus waarvan elk niveau beantwoordt aan de voornaamste behoefte van elk van onze drie fysiologische batterijen. Bekijk het schema van Alderfer hierna en bemerk voor elk niveau van behoefte de overeenstemmende fysiologische batterij.

Figuur 6: de behoeften van de mens

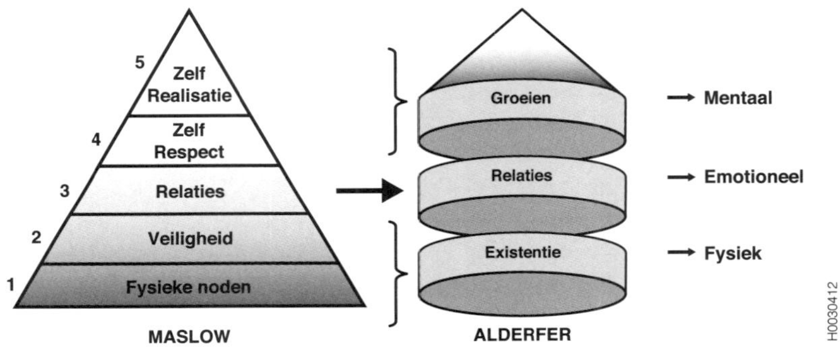

1.1. Welke dynamische factoren bepalen ons gedrag?

Onze gedragingen vinden hun oorsprong in een geheel van bewuste en onbewuste fysiologische (fysieke), intellectuele (mentale) en affectieve (emotionele) factoren die elkaar beïnvloeden. Geen enkele factor heeft een chronologisch overwicht op een andere, ook al heeft men op een zeker ogenblik de *motieven* onderscheiden van de *drijfveren*; motieven verwijzen naar de intellectuele oorzaken van onze handelingen, drijfveren naar de affectieve redenen.

Deze materie werd grondiger onderzocht in de militaire psychologie en in de sportpsychologie. De resultaten zijn zo gelijklopend dat men kan stellen dat zoeken naar het overwicht van de ene factor op de andere nutteloos en artificieel is: er bestaat niet één oorzaak, maar wel een combinatie van factoren voortvloeiend uit het fysieke, het mentale en het emotionele.

1.2. Mentale kracht

De mentale kracht van de mens is niet voelbaar en wordt steeds weer in vraag gesteld. Deze kracht volgt zijn eigen curve, los van de overige fysiologische factoren. Deze curve vertoont plotse stijgingen, stagnaties en dalingen, maar kent bijna nooit een lineaire ontwikkeling: ontmoediging kan snel volgen op vertrouwen en omgekeerd. De mentale "boosters" variëren in functie van de individuen en van de situaties waaraan ze blootgesteld worden. Sommige mensen voeden zich met erkentelijkheid of zekerheid, anderen hebben meer behoefte aan respect en een luisterend oor, terwijl hun collega's eerder prikkels en uitdagingen nodig hebben!

Kies voor jezelf uit onderstaande lijst de drie belangrijkste boosters die jou tot actie drijven:
- veiligheid;
- erkenning;
- succes;
- geloof in eigen kunnen;
- uitdagingen;
- verantwoordelijkheid;
- respect;
- duidelijke doelen;
- loyauteit van uw superieuren;
- aandacht voor u als persoon.

Tussen al deze stimuli van de geest heeft men toch een constante kunnen ontdekken die voor alle individuen geldt, en hen een grotere morele, bijna onvernietigbare kracht verleent. Men heeft de hiërarchische schaal vastgelegd die deze bepalende factoren beheerst.

Zoals elke constructie moet ook mentale kracht een stevige fundering hebben. Anders riskeert ze onstabiel en van korte duur te zijn, ook al steekt ze nog zo goed in elkaar. Dat is bijvoorbeeld het trieste lot van die mensen die hoge prestatietoppen scheren maar dan weer geruime tijd minder productieve periodes kennen. Iedereen kent wel een collega die bij momenten uiterst efficiënt werkt in bepaalde projecten, maar dan vreemde "afwezigheden" vertoont op andere momenten. Bij de sportman kan deze onderbreking veroorzaakt zijn door een kwetsuur, hoewel in sommige gevallen (en zelfs in een heel aantal duidelijke gevallen) de fysieke kwetsuur misschien alleen maar wijst op een onderliggend psychosomatisch probleem.

Om zijn volle rendement te bereiken en een stabiele energie op lange termijn te produceren, heeft het mentale nood aan drie essentiële bestanddelen die de eerste drie onmisbare niveaus van zijn constructie vormen:
- **een duidelijke visie op de toekomst;**
- **geloven in jezelf;**
- **erkenning.**

Dit zijn de drie bouwstenen van duurzame mentale energie. Als onze geest door deze drie essentiële stimuli aangedreven wordt, zal hij beter gewapend zijn tegen alle obstakels. Hun aanwezigheid vormt nog geen garantie voor resultaat, maar als één ervan ontbreekt, is het resultaat totaal bedreigd!

1.2.1. Een duidelijke visie op de toekomst

Een duidelijke visie op de toekomst is het eerste chronologische element van de drijfveren van elk individu. Jouw persoonlijke opdracht definiëren geeft zin en waarde aan jouw acties.
Weten wat je wil en weten waar je naar toe gaat.

Om dit te bepalen moet je af en toe even ophouden met trappen, het hoofd opheffen van je stuur en voor je uitkijken. Als je hoog van de grond op een draad loopt en je evenwicht is wankel, moet je recht voor je kijken om niet te vallen. *"Er is geen gunstige wind als je niet weet waarheen je wil gaan"*, schreef Seneca.

Regelmatig afstand nemen is noodzakelijk om je leven in goede banen te blijven leiden. Afstand nemen is nodig om te bepalen welke richting je wil uitgaan. Grappig maar oh zo waar, doorgaans kennen de meeste mensen hun professionele prioriteiten of die van de onderneming zeer goed, maar hebben ze weinig notie van hun persoonlijke prioriteiten. Meestal nemen ze niet eens de nodige tijd om expliciet na te denken over hun eigen leven.
We kijken vaker op ons uurwerk dan op ons kompas!

Doelstellingen op lange termijn – bakens op korte termijn
Het leven is een reis, geen evenement. Om deze reis te doen slagen, moet je jouw bestemming kennen en de reis in kleine etappes opsplitsen. Jouw doelstelling op lange termijn moet daarbij functioneren als een lichtbaken, een ster die ons voortdurend naar de gekozen bestemming leidt, een vuurtoren die jou door de mist naar de veilige haven leidt.
Doelstellingen op lange termijn geven de richting aan; ze kunnen algemeen zijn en tijd vergen. Ze zijn nooit definitief. Onze toekomstvisie evolueert en verandert mee met de grote gebeurtenissen in ons leven (huwelijk, geboorte, overlijden...).

Om op de juiste weg er naartoe te blijven moeten we bakens uitzetten die als hoekstenen op korte en op middellange termijn zullen dienen. Het voordeel van de doelstellingen op korte termijn is dat ze snel resultaat opleveren (bijvoorbeeld om de 90 minuten 12 minuten fysiologische pauze nemen, waarbij je even gaat wandelen om los te komen van jouw werkplan, je geest te verruimen, wat glucose in te nemen en eventuele stress te verminderen). Deel je doelstellingen op in kleine etappes zodat je kunt nagaan hoe snel je vordert, en weet wat je al verwezenlijkt hebt. De doelstelling kan best volgens het SMART-beginsel van het Quality Management geformuleerd worden:

S	pecifiek: duidelijke en positieve formulering: "IK WIL...";
M	eetbaar: om de afgelegde weg in te schatten en te controleren: "…/week telkens …minuten besteden aan…";
A	anvaardbaar: vanuit een persoonlijk ethisch standpunt;
R	ealiseerbaar en Realistisch: om gemotiveerd te blijven hebben we de juiste prikkel nodig: niet te veel, niet te weinig;
T	ijdsgebonden: binnen welke termijn? Anders blijft onze doelstelling vaag.

Eén stap in de richting van je doel lijkt misschien niet veel, maar als hij in de goede richting gezet wordt is hij efficiënter dan alle andere stappen in andere richtingen. Eén enkele verandering van een parameter van het systeem wijzigt het volledige systeem. Juiste handelingen, zelfs al vergen ze slechts een kwartiertje per dag, kunnen een merkbaar verschil maken. Een beetje fysieke vorm is beter dan totaal geen vorm. Kleine positieve stapjes zetten, dat is belangrijk.

Hoe weet je dat je goed bezig bent? Repetitieve acties verwateren je gevoel voor richting. Gewoonte is de vijand van passie. Hoe weet je of je nog op de goede weg bent? Geef aandacht aan volgende tools:
- Interne radar: luister naar de symptomen (positieve & negatieve);
- Persoonlijke core business: Definieer jouw persoonlijke "grote (hoek)stenen" (privaat & professioneel);
- In de boom klimmen: Neem op regelmatige tijdstippen afstand nemen om andere perspectieven ook een kans te geven.

Interne radar

Het lichaam is een fantastische machine. Het stuurt ons voortdurend positieve of negatieve signalen om aan te tonen of de ingeslagen weg wel degelijk naar het gekozen doel leidt.

- *Negatieve signalen:* weinig persoonlijke verwezenlijkingen, gevoel van voortdurend compromis, van verveling, van druk, een gemotiveerd zijn door de tekorten.

- *Positieve signalen:* inwendig vuur, plezier, opwinding, enthousiasme, houden van uitdagingen en ze ook opzoeken.

Zonder een duidelijke visie op het te bereiken doel, worden we kortzichtig, en proberen we onze niet bevredigde behoeften te vervullen. Ik heb het hier over de val van de negatieve motivatie of "motivatie bij gebrek aan", dat wil zeggen gemotiveerd zijn door zijn tekorten (liefde, geld, materiële goederen, ...). We kunnen geen duurzame mentale energie produceren door te vertrekken van wat we tekort hebben, of door trachten op te lossen wat niet goed loopt in ons leven.

Dat is een visie op korte termijn en in deze geestestoestand is het gevoel van welzijn vluchtig en virtueel: zodra een verlangen bevredigd is, duikt er een ander op wat steevast gepaard gaat met een gevoel van frustratie: we hebben altijd wel iets te kort en de lijst wordt almaar langer. Zo krijgen we uitgedoofde, kleurloze wezens waar geen enkel vonkje meer van af springt, reeds "dood" als het ware. Deze soort van motivatie blijft te zwak en te oppervlakkig om ons werkelijk vooruit te helpen.

Omgekeerd, als we gedreven worden door dromen die we kunnen realiseren, en door doelstellingen die een diepere betekenis hebben, vinden we makkelijker de nodige energie om ze te bereiken, en om de obstakels in het leven te overwinnen. Elke mens heeft een inwendige vlam die hem tot handelen aanzet. We besteden veel tijd en energie aan het bewaren en het aanwakkeren van dit inwendige vuur.

Het loont dan ook dit vuur, deze bronnen van enthousiasme te definiëren. Alleen krachtige locomotieven kunnen ons helpen om onze doelstellingen te bereiken, ondanks de hindernissen op onze weg. Als passie op visie berust, vindt ze er haar gelijke. Zonder richting verliezen onze acties hun kracht. De gevangene graaft een gat omdat hij daartoe het bevel gekregen heeft, de gevangene graaft een gat om te ontsnappen, of hij graaft zijn eigen gat ... De zorg en de vlijt waarmee hij deze taak vervult is totaal verschillend!

Inwendig vuur is erg gevoelig voor externe stimuli. Een omgeving kan een vlam reanimeren, activeren of uitdoven. Wees waakzaam. Blijf verbonden met jezelf. Durf de waarheid onder ogen te zien. Hou op met je leven te dromen. Wees niet langer iemand die denkt dat zijn leven ooit vanzelf beter zal worden. Grijp in!

Grote stenen

Nu volgt een waar gebeurd verhaal. Een professor van Harvard wordt gevraagd om het abstracte begrip "tijdsbeheer" uit te leggen voor een zaal van managers die smachten naar kennis (managers smachten altijd naar kennis!). Hij neemt een grote maatbeker en stelt voor om hem te vullen. Hij haalt een emmer gevuld met stenen van onder de tafel en vult de maatbeker ermee.

- *Is mijn maat vol? vraagt hij.*
- *Nee, roepen de managers in koor. Er is nog wat plaats over tussen de stenen.*

De professor neemt een ander recipiënt gevuld met kiezel en giet dit in de maatbeker. De kiezelsteentjes nestelen zich in de holten, onder de bewonderende blik van de managers.

- *Is mijn maat vol? vraagt hij en wendt zich opnieuw tot het publiek.*
- *Nee, antwoorden sommige slimme managers. We zien nog wat lege ruimten tussen het kiezel.*
- *Jullie hebben gelijk, zegt de professor. En hij haalt een emmertje met zand boven dat hij over de inhoud van de maatbeker strooit.*
- *En nu, is hij nu vol?*
- *Nee, antwoorden enkele Stakhanovisten van de agenda. Hier en daar kan er nog iets bij.*

Nu neemt de professor een gieter en voegt er water aan toe.

- *Voilà, nu is de maat vol.*

Welke conclusies trekken jullie uit dat verhaal? vraagt hij en wendt zich een laatste maal tot het auditorium dat nu aan zijn lippen hangt.

- *Als we denken dat de maat vol is, is er toch nog plaats over. We denken dat we het maximum doen, maar we zouden nog meer kunnen doen,* beweert één van de Stakhanovisten van de agenda.
- *Dat is niet het beste antwoord,* zegt de professor. *Vergeet niet dat Stakhanov op 39- jarige leeftijd gestorven is aan een hartstilstand op zijn werk. Maar dat is de geschiedenis natuurlijk al lang vergeten!*
- *Als men zijn dag goed voorbereidt met de nodige emmers stenen, kiezel en zand, is men efficiënter,* roept een ander.
- *Beter,* zegt de professor. *Je bent op de goede weg en je zult wellicht enkele jaren langer leven dan de Stakhanovist. Maar er ontbreekt een belangrijk element.*
- ***Het belangrijkste is de chronologische volgorde waarin je deze elementen in de maatbeker giet. Als je hem eerst vult met kiezel of met zand, heb je geen plaats meer voor de grote stenen!***

Inderdaad, om te vermijden dat je jouw dag helemaal met kiezel vult of je leven op zand bouwt, moet je eerst deze grote stenen identificeren (opsporen). Enkel zij zullen je voldoening en stabiliteit schenken. Laat ons even kijken hoe je dit kan doen.

Persoonlijke core business
Ken je dat onaangename gevoel dat je overvalt wanneer je het kantoor verlaat na een verschrikkelijk drukke, maar weinig productieve dag? Misschien ben je niet echt opgeschoten met de belangrijke dossiers en projecten. Je hebt waarschijnlijk veel kiezel en zand geschept, of brandweer van dienst gespeeld die overal de kleine brandjes gaat blussen die de pyromanen van dienst aangestoken hebben.

Of misschien is het wel jouw officiële functie binnen de ploeg om overal de brandjes te gaan doven?! In dat geval wordt dat je hoofdactiviteit, je basisberoep of, in "bedrijfsjargon", je "persoonlijke core business". En je zal je planning zo inrichten dat je er altijd beschikbaar voor bent...

Als het echter niet jouw "core business" is, laat deze taak dan maar snel vallen. Je wekt de indruk dat je voortdurend van een gekostumeerd bal komt, vermomd als brandweer, in dienst van de anderen! Ga op zoek naar je echte kostuum. Doe de Pareto van je privé- en beroepsactiviteiten om de 20 % activiteiten te definiëren die je 80% efficiëntie opleveren.

Tijdens één van onze seminaries kregen we hierover een verbazingwekkende getuigenis te horen. *Brigitte, 45 jaar, ondernemingshoofd (25 mensen), gescheiden, twee kinderen. Enkele jaren geleden had ze mononucleose gekregen, de 'vermoeidheidsziekte' die verschillende maanden kan aanslepen. Medisch verdict: rust en maximum twee uur werken per dag; anders zou ze haar gezondheid in gevaar brengen. Twee uur per dag als je aan het hoofd van een kleine onderneming staat, dat kan natuurlijk niet. Aan de andere kant heeft uiteindelijk niemand, noch zij, noch haar gezin, noch haar onderneming er belang bij dat zij haar gezondheid (en haar leven) op het spel zet door deze grens te overschrijden. Ze heeft geen keuze en breekt er haar hoofd over hoe ze een dagelijkse professionele organisatie in twee uur kan klaarstomen. Ze heeft de Pareto van haar activiteiten gemaakt om haar "core business" te definiëren; de 20 % taken die 80 % efficiëntie opleveren. De eerste dagen verliepen moeizaam maar nuttig, want ze leerde het essentiële van het bijkomstige te onderscheiden. Na enkele dagen heeft ze haar essentiële taken beter kunnen omlijnen, en heeft ze een dagprogramma in 5 assen uitgewerkt:*
- *PEOPLE MANAGEMENT: 60 minuten: afspraken om haar rechtstreekse medewerkers en belangrijke klanten te zien;*
- *RESULTATENANALYSE: 15 minuten voor de financiële opvolging;*
- *ONTWIKKELING EN CREATIVITEIT: 15 minuten voor de strategie, partnerships, contacten met andere ondernemingen...;*
- *COMMUNICATIE: 15 minuten om elke dag één of twee personeelsleden te ontmoeten, en polshoogte van de activiteiten te nemen;*

- *ONVOORZIENE OMSTANDIGHEDEN: 15 openstaande minuten voor de verrassingen van de dag.*

De ziekte heeft Brigitte verplicht om deze planning acht maanden vol te houden. Acht lange maanden waarin zij haar "core business" concreet kon identificeren. Heel eerlijk geeft ze toe dat het rendement van haar bedrijf er aanvankelijk wel enigszins op achteruit gegaan was, maar dat de extra belasting op de schouders van haar rechtstreekse medewerkers uiteindelijk wel goed werd verdragen omdat ze beperkt was in de tijd.

Ze zegt dat ze door deze ervaring een nieuwe kijk gekregen heeft op haar beroep, en dat ze haar kantoor nooit meer verlaat met een gevoel van zinloze hyperactiviteit. Sedertdien heeft ze haar 5 basistaken constant behouden en gebruikt. Een bijkomend positief effect was dat ze had leren delegeren, en dat het zelfvertrouwen van haar medewerkers door het op zich leren nemen van een grotere verantwoordelijkheid een serieuze boost gekregen had!

Beste lezer, wij wensen natuurlijk niet dat u mononucleose zou krijgen. Neem gewoon af en toe de tijd om even na te denken over hoe u deze twee uurtjes per dag zou invullen voor het geval een dergelijk ongeluk (of buitenkans?) u zou overkomen. Of nog beter, doe dit gewoon omdat je het belang van een dergelijke oefening inziet... Maak van je grote stenen prioriteiten, plaats ze in de goede volgorde in je agenda, en behandel ze als je voornaamste taken: dat wil zeggen met zorg en aandacht want zij zijn het die je werkelijk vooruit helpen in je privé- en professionele taken.

In de boom klimmen

Hoe vind je de grote stenen? Het plezier en de opwinding die ik meemaak in mijn dagdagelijkse praktijk zijn voor mij het bewijs dat ik een goede verbinding heb met mezelf en met mijn lichtbaken of mijn ster. Als ik overmand word door verveling en twijfel, ben ik niet zeker dat ik op de goede weg ben... Hoe kan ik eventueel de connectie met mijn waarden herstellen en mijn visie bijsturen? Ik denk hierbij aan een anekdote over een expeditie naar het Amazonegebied.

Leendert is de expeditieleider, en geeft de orders. Steven en Sophie krijgen de machete, en moeten de weg door de jungle banen. Kristof en Annick krijgen elk een geweer, en moeten voor de veiligheid zorgen. Stephane en Ellen moeten het materiaal dragen, en s'avonds de tenten opzetten... Op geregelde ogenblikken kruipt Leendert in een hoge boom om te zien of ze nog de goede richting uitgaan. De expeditie vordert echter moeizaam, en trager dan voorzien zodat ze in tijdsnood (voedsel en vooral water) komen. Wanneer Leendert nog maar eens in een boom wil kruipen reageren de meesten verbolgen: "Daar is nu geen tijd meer voor. Laat ons snel verdergaan voor we hier allen omkomen van honger en dorst...". Hij gaat dan maar verder mee met de groep, maar 's avonds beslist hij toch in een boom te kruipen (de koppigaard...) vooraleer te gaan slapen. In het licht van de maan ziet hij ongeveer 100 meter naar rechts water glinsteren. Eureka! De volgende dag blijkt het een riviertje te zijn (dat nergens op een kaart stond) met zand ernaast, wat Steven en Sophie heel wat werk spaart, en het makkelijker maakt voor de groep om snel te vorderen! En bovendien water en voedsel verschaft...

We kunnen hiervan onthouden dat het soms de moeite loont even **afstand** te nemen van een situatie om zo misschien **andere oplossingen** te kunnen vinden die we anders nooit zouden zien. Neem jij soms de tijd om "in de boom te klimmen"? Blijven wij niet te lang op de begane grond zonder een duidelijke visie op het te bereiken doel?

Vind je het moeilijk om tijd uit te trekken voor deze momenten van terugblikken en nadenken? Plan de tijd om dat te doen! Ik geef het toe, dit is minder poëtisch, maar wel doeltreffend. Eén maal per maand reserveer je twee uren tijd om aan je "grote stenen" te denken, aan het belang en de impact ervan op je werk, aan je methode, aan je projecten.
Zij die ergens halverwege in de boom blijven hangen, raad ik aan om het hoofdstuk "Fysieke versterking" te lezen om te weten welke uren en dagen fysiologisch aangewezen zijn om een adempauze in te lassen en in de boom te klimmen.

1.2.2. Geloven in jezelf

Eén van de grote stenen in je agenda moet zijn: aan jezelf denken. De kwaliteit van je privaat - en professionele taken hangt af van jouw vitaliteit. Het is jouw energie die je investeert in deze twee activiteitzones die steeds meer van je eisen.

Verlicht egoïsme
Tijd voor jezelf nemen om je batterijen te herladen zou een essentieel onderdeel van je agenda moeten zijn. Het gaat niet om "ik eerst", maar veeleer om "ik ook". Dat noemen wij graag "verlicht egoïsme". Je bent zelf één van de "grote stenen" van je agenda. Als je ook tijd aan jezelf besteedt, verhoog je jouw energieniveau en jouw persoonlijk welzijn. Zadel jezelf niet op met schuldgevoelens: je omgeving en al jouw activiteiten zullen er uiteindelijk mee van profiteren.

Oh ja, natuurlijk heb je daar geen tijd voor. Of beter nog, je ziet niet in hoe je daarvoor "tijd zou kunnen maken". Je hebt gelijk, de druk van het dagelijks leven is verschrikkelijk. Hij houdt je in de klem, je blijft hangen op het "operationele" niveau. We blijven vaak de hyperactieve brandweerman van dienst die overal brandjes gaat blussen. En we zijn kwaad op onszelf omdat we niet "de tijd nemen" om daar verandering in te brengen.

Laat ons duidelijk zijn: deze tijd zal je nooit krijgen. Het is aan jou en jou alleen om hem te zoeken, te vinden, te nemen en te voorzien in je agenda alsof het om een werkelijk prioritaire taak zou gaan. De markt van "ikke ook" is een monopolie, met alle gevaren en zwakheden van dien. Als je jezelf niet verzorgt, zal niemand anders dat in jouw plaats doen.

Je kan anderen niet blijven gelukkig maken en energie geven wanneer dit ten koste van jezelf gaat. Je wordt niet efficiënter door jezelf uit te putten. Denk nuchter na: zodra je beseft dat je door jezelf te verzorgen, de anderen ook beter kunt verzorgen, zal je jezelf meer respijt geven.

Figuur 7: het verlicht egoïsme

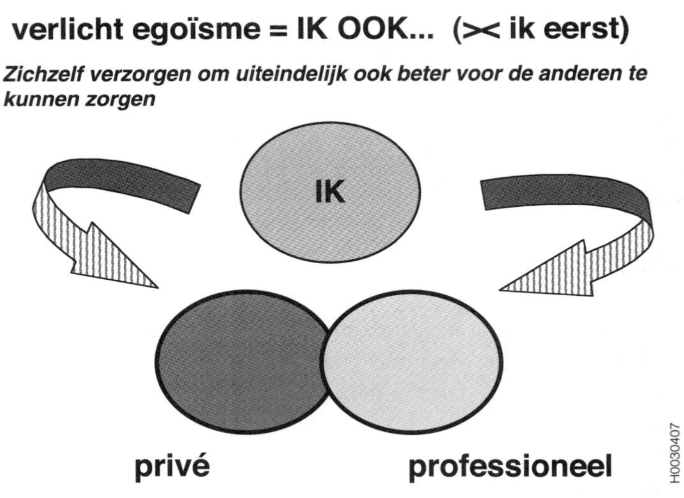

Zelfvertrouwen

We hebben geen kans op slagen als we geen zelfvertrouwen hebben. Met een positief zelfbeeld ontwikkelen we een onverwoestbare inwendige kracht om alle obstakels te overwinnen. Je moet jezelf graag zien om te kunnen ondernemen. Zelfvertrouwen leidt tot actie. Hoe je jezelf bekijkt, is heel belangrijk. *"Niemand kan gelukkig zijn zonder van zichzelf te houden"* schreef Jean-Jacques Rousseau.

De belangrijkste opinie is degene die je over jezelf hebt. Zelfwaardering is jezelf aanvaarden in alle omstandigheden van het leven. Weiger om een imago aan te nemen dat je omgeving tevredenstelt want je riskeert een deel van je persoonlijkheid te verliezen. We zijn vaak te kritisch voor onszelf. Als baby's evenveel neiging tot zelfkritiek zouden hebben als volwassenen zouden ze ongetwijfeld nooit leren lopen en praten! Erken je fouten en je kwaliteiten. Aanvaard het imago dat je van jezelf hebt. Wees jezelf. Het is niet nodig om de rol van een acteur of actrice te spelen: zo zijn er al genoeg. Als je er toch behoefte aan hebt, kies dan de rol die je nuttig lijkt om het beeld dat je van jezelf hebt te verbeteren. Een greintje verlicht egoïsme zou je zelfbeeld moeten verbeteren en opkrikken.

In ogenblikken van twijfel, als zorgen je overvallen, riskeer je de controle over jouw imago te verliezen. Door het energietekort ben je kwetsbaarder. Vooral dan moet je jezelf plezier doen. Verwacht niet dat de anderen dat voor je doen, je zou wel eens ontgoocheld kunnen raken en je nog slechter in je vel voelen.Trek aan de hendels van "ik doe mezelf een plezier", "ik neem tijd voor mezelf", "ook ik wil ...", enz. Het is van groot belang dat je onmiddellijk de controle op je zelfbeeld terugkrijgt om je vermogen tot actie en zelfbevestiging te behouden. Wees fier op wat je bent en op wat je doet, want na de toekomstvisie, is zelfrespect en geloof in eigen kunnen de tweede motor van elke actie.

Nadenken vooraleer "ja" te zeggen

Vaak zijn we kwaad op onszelf omdat we een bepaalde taak of dienst aangenomen hebben. Indien de situatie het toelaat, denk na vooraleer je "ja" zegt, en leer "neen" te zeggen. Heel wat mensen hebben het moeilijk om "neen" te zeggen: ze voelen zich schuldig als ze weigeren, of verplicht om iets te aanvaarden. Ze denken "neen" maar zeggen "ja" om met iedereen op goede voet te staan.

Zelfs al is er geen hiërarchische relatie, dan nog missen ze de kracht om te weigeren omdat ze schrik hebben dat de anderen kwaad zullen worden, of niet meer van hen zullen houden.

Deze angst leidt tot passief gedrag. Ze ontspannen zich niet meer en laten de anderen van hen profiteren. Ze worden de "gijzelaars" van de wensen van de anderen. Na verloop van tijd worden ze opvliegend en/of gefrustreerd.

Andere mensen daarentegen vertonen onmiddellijk agressief gedrag. Ze zijn autoritair en bedreigend tot ze hebben wat ze willen. Dat soort van abusief en overdreven gedrag in tegenovergestelde zin leidt regelmatig tot andere relationele problemen.

Om deze valkuilen te vermijden, moeten we terugkeren naar de eerste etappe van de mentale versterking, de toekomstvisie: wanneer de persoonlijke waarden en doelstellingen duidelijk vastgelegd zijn, is het veel gemakkelijker om jouw keuzes expliciet kenbaar te maken.

1.2.3. Erkenning

Enthousiasme werkt aanstekelijk. Verveling ook!
Als we omringd zijn door positieve mensen die gepassioneerd zijn door hun activiteit wordt ons inwendig vuur steeds weer aangewakkerd.

Erkenning is de derde fysiologische stimulator: elke mens zal zich engageren als hij een duidelijk verband kan leggen tussen de gevraagde inspanning en de daarmee gepaard gaande beloning. Dit verband kan dus best van meet af aan duidelijk zijn. Bovendien werkt erkenning ook als brandstof voor langdurige inspanningen: men houdt langer vol als men van tijd tot tijd een schouderklopje krijgt.

Elk individu dat zichzelf wil definiëren moet zich afspiegelen aan zijn sociale wereld; in zijn ogen krijgt het slechts een zekere waarde voor zover het drager is van de waarden die zijn groep hem geeft. Het gebrek aan erkenning kan als een persoonlijke ontwaarding beschouwd worden. Morele of financiële stimuli kunnen de motivatie verhogen en versterken, of beter gezegd, ze scheppen een gevoel van tevredenheid. Ze bevorderen en verhogen de efficiëntie van het individu of van de groep. Sommige mensen staan daar weigerachtig tegenover. Hun argumenten zijn zinloos. In een onderneming, in de sport en in het leven is het een fabeltje te denken dat een inspanning of een leerproces mogelijk is zonder deze blijken van attentie die de aanvankelijke motivatie verstevigen en bevestigen.

1.2.4. Drie concrete instrumenten voor mentale versterking

Mentale training nr. 1: Filter van Vroom
Het is niet simpel om doelstellingen, waarden of erkenning in eenvoudige en praktisch bruikbare formules te gieten. Sommigen hebben het toch geprobeerd en met succes. De meest doeltreffende formule in onze ogen is

deze van Victor Vroom (zie glossarium). We geven u de vereenvoudigde versie zoals we ze voor de mentale voorbereiding gebruiken:

$$M = E \times R \times V$$

M = Motivatie, mentale kracht (**M**otivation)
E = Te verrichten inspanning (**E**ffort)
R = Beloning, weerslag, erkenning (**R**ecognition)
V = Waarden & Visie (**V**alues & **V**ision)

Het niveau van persoonlijk engagement, wilskracht en volharding in een actie hangt af van het antwoord op de volgende drie hamvragen:
- **E:** *Ben ik in staat om de gevraagde inspanning (**E**ffort) te leveren?*
- **R:** *Is er een verband tussen de inspanning en de beloning (**R**ecognition)?*
- **V:** *Welke waarde (**V**alues) hecht ik aan deze beloning?*
  *Valt het geheel te rijmen met mijn visie (**V**ision) op de toekomst?*

Het mathematisch teken dat ze met elkaar verbindt is het vermenigvuldigingsteken "**x**". Indien één van de drie elementen gelijk is aan nul, is het globale resultaat dus ook gelijk aan nul!

Als je voor een keuze staat, een aanwerving, een obstakel of een uitdaging, kan je met deze formule snel doordringen tot het essentiële en jezelf de drie volgende fundamentele vragen stellen:
- Ben ik capabel?
- Wat zit er in voor mij?
- Wordt er rekening gehouden met mijn waarden en mijn doelstellingen?

Vertaald in concrete acties betekent dit dat men meer gemotiveerd is om zijn opdracht te vervullen wanneer:
- men denkt te kunnen slagen (geloof in zichzelf): het individu stelt zich eerst vragen over zijn vermogen om te slagen: hoe meer we onze capaciteiten (opleidingen) verhogen, hoe meer we ons in staat zullen voelen om de opdrachten te vervullen;
- men weet welke beloning eraan vast zit (erkenning): men legt een duidelijk verband tussen de gevraagde inspanning en de weerslag ervan voor zichzelf;
- men de opdracht positief inschat (waarden): als we een zin geven aan de inspanning door ze in een ruimer kader te plaatsen: doelstellingen op lange termijn, visie van de onderneming, persoonlijke waarden …

- In een onderneming worden vele inspanningen (Effort) geleverd. Tot daar geen probleem. Op gebied van erkenning (Recognition) daarentegen schieten we vaak tekort. We vragen "net iets meer" aan het individu, maar laten na om hem de overeenstemmende erkenning (financieel of moreel) te geven. De zingeving (Values & Vision) is de zwakke schakel van de motivatieketting. We vergeten de individuele prestatie te kaderen in de globale doelstellingen van het bedrijf. Elke werknemer moet beseffen in welke mate zijn persoonlijke inbreng bijdraagt tot het globale welslagen van een operatie.

Carl, CEO in een internationaal bedrijf in de staalindustrie, getuigt tijdens een seminarie. In mijn jonge jaren liep alles perfect. Mijn carrière ging pijlsnel omhoog, ik was gelukkig getrouwd en had twee toffe zonen. Op zeker moment wordt mij een interessant voorstel gedaan om ons product in Nederland te gaan opstarten. Vermits ik België mee had opgestart vanaf het prille begin had ik de kennis, en ik geloofde ook in mezelf dat IK dit wel aan zou kunnen. Bovendien waren de financiële compensaties voor deze sociale vervreemding zeer aanlokkelijk. Waar ik geen rekening mee gehouden heb is dat mijn vrouw en mijn kinderen daar nooit hun draai zouden vinden. En dat ik het contact met de meeste vrienden hier zou verliezen. Ik was gepassioneerd door het zo boeiende opstarten van 'mijn' bedrijf, wat dan ook succesvol geworden is. De tol die ik betaald heb was zeer zwaar. Ofschoon ik – achteraf gezien – vele signalen gekregen heb van moeder natuur en van mijn familie, ben ik onderuit gegaan, zowel als papa, als echtgenoot (echtscheiding) en ook lichamelijk (hartinfarct)… In mijn dolle enthousiasme had ik bepaalde factoren over het hoofd gezien… Ik heb er nu nog dagelijks spijt van…

Mentale training nr. 2: de dagelijkse mentale training

Een goede dagelijkse mentale training kan jou helpen om je telkens weer te concentreren op jouw Pareto van de essentiële taken; je weet wel, de 20 % activiteiten die je 80 % persoonlijke voldoening schenken.

Maak deze oefening 's morgens, zonder enige druk, op het moment dat je jouw agenda nakijkt. Pas de 4 opeenvolgende etappes toe.

- Laat de film van je doelstellingen voor je ogen afspelen.
- Identificeer de uitdagingen van de dag (grote stenen, kiezel, …).
- Stapel de doelstellingen en uitdagingen opeen.
- Kies en begin eraan.

Het lijkt eenvoudig, maar het is uiterst doeltreffend. Duidelijke plannen voor de dag, nauwkeurige doelstellingen en de voldoening van de gerealiseerde etappes versterken de wil om door te zetten, en de uitdagingen van de dag sereen aan te gaan. Speel geen verstoppertje met jezelf: als je duidelijke afspraken met jezelf maakt, zit je in een controlepositie. Dat zal je echt helpen om de momenten van spanning de baas te blijven.

Deze praktische oefening van dagelijkse mentale training door "het gordijn van je dag open te schuiven", geeft je de nodige energie en moed om je geplande tijd te verdedigen die het meest blootgesteld is aan externe (dringende gevallen) of interne (irrationele gedachten) agressors. Om deze aanvallen te weren, verwijzen we je naar hoofdstuk "Mentale weerstand" dat specifieke oplossingen geeft die je kunt aanwenden als je onder druk staat.

Mentale training nr. 3: wekelijkse mentale training
De dagelijkse mentale training kan op een wekelijkse schaal voorbereid worden. In het begin van de week (maandagmorgen) maak je een lijst op van wat je de komende week moet doen:

- Toets deze lijst aan je *persoonlijke waarden en doelstellingen.*
- Identificeer de sleutelmomenten van de week in functie van deze prioriteiten.
- Plaats deze "grote stenen" eerst in je wekelijkse planning.
- Vul daarna je agenda aan met:
  1. hetgeen moet gedaan worden,
  2. aangename activiteiten,
  3. activiteiten die je goed doet.

Plan elke dag, en zorg ervoor dat je die activiteiten voorziet die je ontspannen en je een voldaan gevoel geven.

De Pareto

Waar zit de prikkel van wilskracht en volharding?
We mobiliseren een maximale mentale energie wanneer we:
- duidelijke doelstellingen hebben: visie op de toekomst
- we onszelf capabel vinden: zelfrespect, geloof in jezelf
- we ervoor beloond worden: erkenning

Toekomstvisie helpt ons om onze acties zin en waarde te geven. Als we gedreven worden door dromen die we kunnen verwezenlijken en door doelstellingen die een diepere betekenis hebben, vinden we makkelijker de energie die we nodig hebben om ze te bereiken en de obstakels van het leven te overwinnen. We gaan vooruit in het leven om een inwendige vlam die ons tot handelen aanspoort, te onderhouden en aan te wakkeren.

Geloof in jezelf en zelfrespect betekent voor ons zich in staat voelen om de gevraagde uitdaging te behalen. Dat wil ook zeggen voldoende zelfvertrouwen bezitten om de behoefte aan recuperatie te bevredigen,en dit zonder schuldgevoelens. Door te denken aan "ik ook" kunnen we onze privé - en professionele rollen beter vervullen.

Erkenning is vooral de brandstof voor een duurzame inspanning. Blijken van attentie houden de aanvankelijke motivatie in stand.

Als één van die drie elementen reeds in het begin ontbreekt, of tijdens de inspanning verdwijnt, kan de mentale kracht op nul terugvallen.

De grote stenen van de Pareto gooien onze traditionele ideeën ondersteboven. Zij sporen ons aan om:
- Eerder selectief te zijn dan globaal.
- Eerder op uitmuntendheid te mikken in enkele domeinen dan op gemiddelde prestaties in alles.
- Je te concentreren op de essentiële zaken die een hoog percentage resultaten opleveren (20/80 %).
- Jouw energie te sparen voor enkele doelen in plaats van voor alle kansen die zich voordoen.
- De controle in jouw leven zelf in handen te nemen door jezelf te concentreren op jouw core business.

De kernzin

Ik leg mezelf enkel realistische doelstellingen op.

2. Emotionele versterking – Confrontatie met de werkelijkheid

Figuur 8: confrontatie met de werkelijkheid – rooster van de "3 R'en"

<table>
<tr><th></th><th>Cyclus van Reinforcement

Voor druk

De batterijen versterken</th><th>Cyclus van Resistance

Onder druk

Efficiënt blijven presteren</th><th>Cyclus van Recovery

Na druk

De batterijen heropladen</th></tr>
<tr><td>Mentaal</td><td>Prioriteiten stellen</td><td>In perspectief plaatsen
&
Zelf-affirmatie</td><td rowspan="3">Slaap
Voeding
Lichamelijke oefening
Humor
Ontspanning
Psychische noden
Sociale contacten</td></tr>
<tr><td>Emotioneel</td><td>Confrontatie met de werkelijkheid</td><td>Uitlaatkleppen</td></tr>
<tr><td>Fysiek</td><td>De fysiologische agenda & rituelen</td><td>Relaxatie-oefeningen</td></tr>
</table>

H0030636

De voorbije eeuw was de eeuw van de academische kennis en het rationeel denken. Onze opvoeding was grotendeels gebaseerd op logica en analyse. Behandeling van informatie op het niveau van ons hart is een recent gegeven. In de sport- zowel als binnen de bedrijfswereld kent eenieder van ons wel enkele mensen die op studiegebied faalden maar in de business slaagden, of omgekeerd mensen die schitterende studenten waren maar van het leven nooit iets begrepen… Mensen die niet echt gekwalificeerd leken voor een bepaalde job, maar deze succesvol vervulden met een heel eigen aanpak… Actuele wetenschappelijke analyses schatten dat de klassieke intelligentie slechts voor 4 % van ons persoonlijk succes zorgt! Dat wil zeggen dat meer dan 90 % van de successen verbonden mogen worden aan andere vormen van intelligentie…

Onze emoties werden geruime tijd beschouwd als een probleem dat we in de hand moesten houden. Nu nog spreken sommigen over emoties "*beheren*". Deze rationele verwoording van de emotionele activiteit wijst erop hoe ongemakkelijk we ons voelen om deze persoonlijke dimensie uit te drukken. Uit vrees dat hun aanwezigheid ons zal storen, gaan we ze liever neutraliseren en beletten om ons te schaden.

Stel dat bijvoorbeeld een verkoopsdirecteur zo'n houding zou aannemen tegenover de alarmsignalen van zijn maandelijkse financiële rapportering. Hij zou dan bepaalde (negatieve) aanwijzingen weigeren onder ogen te zien en negeren zolang ze geen dreigend gevaar of ernstig tekort zouden aantonen. Onnodig te zeggen dat een dergelijke 'visie met oogkleppen' de ploeg en de onderneming in gevaar kunnen brengen en dat hij zelf riskeert zijn job te verliezen. Neen, wanneer het over cijfertjes gaat luisteren we meestal wel naar reportings...

In het gevoelsdomein ligt dit net iets anders. Het negeren van de gevoelsdimensie zolang ze niet de symptomen van een ernstig probleem aantonen is spijtig genoeg een courante praktijk. Emoties hebben nochtans een boodschap: zij zijn een natuurlijk alarmsignaal. Gevoelens en emoties komen niet louter toevallig. Zij zijn de inwendige ogen en oren van het lichaam.

Ze delen ons belangrijke informatie mee over de fysiologie van ons lichaam. Zelfs wanneer we een negatieve emotie voelen, speelt deze een positieve rol: ze geeft ons informatie over onze interne mentale en lichamelijke toestand. Door ze te negeren belanden wij juist in een crisis. Net zoals heelkunde inwendige gebreken opspoort geven emoties de buitenwereld regelmatig en spontaan informatie over 'hoe het nu eigenlijk met je gaat'. Zij doen dit aan de hand van "toestanden en gebeurtenissen": soms gunstige (positieve emoties, gevoel van welbehagen), soms ongunstige (negatieve emoties, gevoel van onbehagen).

Om onze wantrouwige houding ten opzichte van emoties te verbeteren heeft Daniel Goleman het concept "emotionele intelligentie" bedacht. Emotionele intelligentie maakt deel uit van onze "sociale intelligentie"; het is het vermogen om naar jouw eigen emoties te luisteren en de emoties van de anderen te herkennen. Het is ook het vermogen om de intensiteit van de emoties in de hand te houden wat tot een betere stabiliteit van het humeur leidt.

2.1. De fysiologie van de emotie

We moeten een onderscheid maken tussen emoties en gevoelens. Emoties zijn een geheel van mechanismen ingeworteld in ons lichaam die de functie hebben ons van gevaar weg te draaien, en ons te oriënteren naar wat in ons voordeel zal zijn. Gevoelens zijn de mentale verwerking van emoties, en zijn eigenlijk niets anders dan een perfectionering van deze basismechanismen.

Beeld jezelf even volgend tafereel in. *Ik leg 200 euro in een bak vol met slangen. Ik vraag jou om dat briefje uit deze bak te halen. Ik garandeer je dat hun giftanden uitgetrokken zijn zodat je echt geen risico loopt. Aan jouw gezicht te zien (walging, vrees...) heb je er toch nog niet veel zin in om het briefje er uit te halen.*

De emotie van walging zit in onze oerinstincten geprogrammeerd. Ze heeft ons van in de oertijd geholpen om te overleven tussen alle serpenten en andere gevaarlijke wezens. Zelfs wanneer ik je zeg dat deze slangen niet levensbedreigend zijn weerhouden jouw emoties je er toch nog van om je hand in de bak te steken. Emoties zetten ons aan tot handelen of weerhouden ons ervan!

Er zijn 8 basisemoties.
- vrees;
- woede;
- verdriet;
- vreugde;
- walging;
- liefde;
- verrassing;
- schaamte.

Alle andere emoties zijn een combinatie van deze basisemoties. Zo is jaloezie bijvoorbeeld een combinatie van vrees, woede en verdriet.

Deze basisemoties hebben een aantal kenmerken:
- Snel: Een emotie reageert in enkele duizenden van een seconde!
- Overweldigend: Als je razend bent kan je niet meer nuchter denken.
- Overtuigd van hun gelijk: Iemand die emotioneel aangedaan is, is overtuigd van zijn gelijk: hij neemt uit de discussie op wat zijn emotie onderhoudt.
- Werken als een radar: Wanneer je een kamer binnenkomt waar er net ruzie was kan je dat voelen.
- Vaak geen logica: Emoties trekken alles uit verband.
- Vaak stereotiep: Emoties blijven zichzelf steeds maar voeden en herhalen.

Schrik, woede, vreugde, uitdaging en afkeer hebben elk hun biochemische tegenhanger. Emoties zijn het resultaat van miljoenen moleculen die receptoren aan de oppervlakte van de cellen stimuleren. Elke cel van ons organisme bevat miljoenen receptoren. Je kan deze vergelijken met schotelantennes die naar buiten gericht staan om informatie op te vangen.

De hersenen geven 200 soorten chemische producten vrij die lijken op morfine en in het lichaam verspreid worden. Ze zijn in bijna elk onderdeel van het lichaam terug te vinden, ook in het immuun en endocrien systeem. De meeste van die moleculen worden peptiden genoemd. In de hersenen heten ze neuropeptiden (of neurotransmitters). Het wordt tegenwoordig steeds duidelijker dat peptiden de chemische basis vormen voor de communicatie tussen de cellen in het ganse lichaam. De boodschapper van positieve emoties in onze hersenen noemt men endorfine.

In dit stadium van de wetenschap denkt men dat de peptiden en hun receptoren de biochemische eenheden zijn die de emoties losmaken. Tot op heden werden er ongeveer 60 peptiden geïdentificeerd. Emoties beginnen in de hersenen en worden door het hele lichaam verspreid. Emoties weerspiegelen de onderliggende fysiologie die de potentiële prestatie stimuleert of blokkeert.

2.2.1. Vitale boodschap van onze emoties

In een werkomgeving oordelen we meestal dat het uiten van gevoelens een teken is van controleverlies dat nadelige gevolgen kan hebben. Akkoord, de sociale context van zelfbeheersing is vanzelfsprekend belangrijk. Maar indien we ons te lang inhouden, ontstaan gevoelsexplosies en dit echt niet uit een gebrek aan controle. Juist omdat we onze gevoelsreacties onderdrukken, worden ze intensiever en overweldigend. Denk aan een kind dat steeds harder schreeuwt om de aandacht van een ouder te trekken die druk bezig is. Omdat het gehoord wil worden, gebruikt het de gepaste middelen: het spreekt luider en maakt allerlei gebaren om de aandacht te trekken. Zodra het de nodige aandacht krijgt, kalmeert het.

Emoties werken precies op dezelfde manier. Als ze erkend en aanvaard worden, verliezen ze automatisch hun intensiteit want ze hebben hun waarschuwende taak vervuld. Hoe meer we ze bestrijden en onze oren dichtstoppen, hoe harder ze hun boodschap uitschreeuwen. Het feit dat ons organisme zo hard aandringt, heeft te maken met het belang van de boodschappen die onze emoties uitzenden.

Ze spelen drie essentiële rollen:
- Filteren: Ze maken de samenvatting van de ontelbare gegevens die onze zintuigen opvangen.
- Rangschikken: Via de filter van de behoeften en de doelstellingen waaraan we het meest belang hechten, klasseren ze de gegevens als vitaal, belangrijk en/of bijkomstig.

- Informeren: Ze informeren ons voortdurend over de wijze waarop onze voornaamste behoeften worden bevredigd.

Als we openstaan en ontvankelijk zijn voor onze emoties door hun boodschappen te begrijpen en ons erdoor te laten leiden, voegen we een belangrijke dimensie toe aan ons "zijn" om beter te kunnen handelen. Een goed contact met jezelf zorgt ervoor dat je beter luistert naar je diepste waarden. Het zijn deze waarden die ons helpen het onderscheid te makken tussen het zand, de kiezels en de grote stenen.

We zouden ons bijvoorbeeld kunnen afvragen waartoe het dient droefheid te voelen. Indien wij naar deze sterke emotie luisteren kan droefheid ons de oorzaak tonen: dit kan eenzaamheid zijn, een gebrek aan affectie... Zo komen we tenminste te weten wat we kunnen doen om deze emotie weg te nemen. Maar al te vaak luisteren we niet goed en stoppen we te vroeg waardoor de behoefte nog toeneemt. Net zoals vuur worden emoties pas gevaarlijk als we er niet op letten. Net zoals de vlammen verslinden ze ons als ze door hun omvang oncontroleerbaar worden.

2.2.2. *De werkelijkheid onder ogen zien*

De boodschap is duidelijk, het alarm gaat af, er is een probleem gesignaleerd. Indien we weigeren ermee rekening te houden is het eigenlijk logisch dat de emoties die deze boodschap brengen steeds intenser en geweldiger worden. Doch vaak sluiten we emotioneel liever de deur: we willen ze niet te horen, of handelen als een struisvogel om ze niet te zien. Meestal kiezen we er bewust voor om deze waarschuwingen te negeren. Alsof we een doorn in onze voet hebben en liever anders gaan lopen om hem minder te voelen! Op termijn raken we uitgeput en lossen we niets op.

Sommigen reageren hyperactief om de pijn van de doorn te verzachten. Zij lossen het probleem niet op, maar houden zich voldoende bezig om er niet aan te denken. Zij schieten aan het werk en nemen allerlei verantwoordelijkheden om hun adrenaline en endorfine kwijt te raken en zo de pijn te verzachten. Zij leiden de geest af door tal van dringende zaken te creëren. Maar vermits het probleem op elk moment van rust terug opduikt, belanden zij in een vicieuze cirkel die hun organisme uitput.

Anderen laten zich eerder gaan. Zij hopen op een ‘natuurlijke genezing’ of een externe tussenkomst. Laat deze dromers, eeuwige denkers en meelijwekkende slachtoffers maar "denken" dat hun leven ooit zal beteren...
Kies definitief de zijde van de acteurs van het leven: zij die acties ondernemen om de loop der dingen te veranderen en hun doelstellingen te bereiken.

Er is slechts één oplossing: de "werkelijkheid onder ogen zien", een pincet nemen en indien mogelijk de doorn uit je voet trekken.

Er bestaan verschillende soorten doornen: kleine of grote, chronische of tijdelijke, oppervlakkige of scherpe, verdraagbare of onverdraagbare. Sommige mensen hebben een doorn in het lichaam, anderen een pijl in het hart of een gewicht in het hoofd... Uit studies is gebleken dat kleine doornen (files, treinen met vertraging, kleine ruzies) uiteindelijk evenveel storen als de grootste. Onafhankelijk van elkaar hebben ze maar een geringe impact op onze gezondheid, maar de opeenstapeling van deze kleine, onbeduidende, slecht verdragen ergernissen leidt vaak tot een groter probleem.

Ernstiger wordt het wanneer er zich een belangrijkere – positieve of negatieve - gebeurtenis voordoet met een groot impact. Wanneer deze – meestal pijnlijke – gebeurtenissen boven op de stapel van kleine ergernissen nestelt, wordt het voor vele mensen ineens te veel, en ze kraken of ontploffen...Deze grote gebeurtenissen komen gelukkig voor ons minder vaak voor dan de dagelijkse factoren, want de vaak radicale veranderingen die ze teweegbrengen hebben een grotere weerslag op de gezondheid.

Daarom, als het enigszins mogelijk of voorzienbaar is, verander niet in een verzamelaar van doornen: vermijd om in dezelfde periode van job te veranderen, te verhuizen en een baby te krijgen! Nochtans is dit laatste voorbeeld heel realistisch...

2.2.3. *Fysiologische impact van de levensgebeurtenissen (Rivolier)*

De onderstaande tabel bevat enkele van de voornaamste levensgebeurtenissen. Elke gebeurtenis heeft een vooraf bepaalde waarde volgens de werken van Rivolier (1989). Deze schaal werd opgesteld uitgaand van een lijst van positieve of negatieve gebeurtenissen die een verandering in het leven of een aanpassing van het gedrag veroorzaken. Ze is gebaseerd op een ondervraging van honderden mensen die aan elke gebeurtenis een cijfer van 1 tot 20 toegekend hebben naargelang hun gedrag erdoor beïnvloed werd.

Ze heeft een louter statistische waarde want wat op een grote groepsschaal geldt, geldt niet noodzakelijk voor elk individu. Zo bevat ze niet alle persoonlijke elementen, en ook niet alle uitzonderlijke situaties (overval, verkrachting, gijzelneming, aanslag...).

Naast de impact van deze gebeurtenissen op de gezondheid en het welzijn van de ondervraagden, stellen we vooral vast *hoe belangrijk de emotionele factoren zijn in deze evaluatie!* De gebeurtenissen die boven aan de lijst geklasseerd staan, zijn die met de zwaarste emotionele belasting! De emotionele waarde van een gebeurtenis kan in de loop der jaren veranderen: een ontslag uit een eerste job op 25 jaar zal niet dezelfde impact hebben als een ontslag op 50 jarige leeftijd uit de job die je tijdens je ganse leven gedaan hebt.

Enerzijds is het vaak zo dat zware tegenslagen en de beproevingen van het leven ons sterker maken. Anderzijds is het ook zo dat een bijzonder intense emotionele belasting of een accumulatie van belastingen over een heel korte periode negatieve gevolgen zal hebben voor de andere twee batterijen.

De kans op een pathologische reactie wordt geraamd door de som te maken van de gebeurtenissen die men in één jaar tijd meegemaakt heeft. Om de eventuele impact van die gebeurtenissen op je gezondheid te kennen, bereken je het totaal van de verzamelde punten over de laatste 12 maanden:

- de wetenschappelijke statistieken tonen aan dat er een klein risico op gezondheidsproblemen ontstaat vanaf 30 punten;
- vanaf 40 punten bestaat er een reële kans op ziekte (50 % van de mensen hebben gezondheidsproblemen);
- vanaf 60 punten: hoog risico om een ziekte te ontwikkelen (80 % van de mensen hebben gezondheidsproblemen).

Figuur 9: gemiddelde scores evenementen van het leven (Rivolier)

Gemiddelde scores Evenementen van het leven (Rivolier)			
Evenement	score	Evenement	score
Overlijden van een kind	19,22	Dispuut met een familielid	12,11
Overlijden van partner	18,76	Emigratie naar vreemd land	11,37
Gevangenschap	17,60	Menopauze	11,02
Overlijden van familielid	17,21	Minder belangrijk financieel probleem	10,91
Ontrouw van partner	16,78	Scheiding van een dierbaar iemand	10,68
Groot financieel probleem	16,57	Voorbereiding op een belangrijk examen	10,44
Bankroet gaan	16,46	Echtscheiding zonder dispuut	10,33
Ontslag	16,45	Verandering in werkuren	9,96
Abortus of verlies ongeboren kind	16,34	Nieuwe persoon in het huishouden (kind, vriend, ouder, ...)	9,71
Echtscheiding	15,93	Pensioen	9,33
Echtscheiding met ruzie	15,93	Verandering in werkomstandigheden (uurrooster, plaats, ...)	9,23
Verschijnen voor rechtbank	15,79	Verandering van werk	8,84
Ongewenste zwangerschap	15,57	Verhuis naar een andere stad	8,52
Serieuze ziekte van familielid	15,30	Verandering van school	8,15
Werkeloosheid	15,26	Einde humaniora	7,61
Overlijden van een goede vriend	15,18	Kind dat het ouderlijke huis verlaat	7,20
Degradatie van sociaal statuut	15,05	Echtelijke verzoening	6,95
Serieuze persoonlijke ziekte	14,61	Kleine overtreding van de wet	6,05
Begin van een buitenechtelijke relatie	14,09	Geboorte (voor de mama)	5,91
Belangrijk financieel verlies	14,07	Zwangerschap	5,67
Proces	13,78	Huwelijk	5,61
Niet geslaagd in een belangrijk examen	13,52	Professionele promotie	5,39
Ongewenst huwelijk van één van de kinderen	13,24	Kleine persoonlijke ziekte	5,20
Verbroken verloving	13,23	Verhuis binnen dezelfde stad	5,14
Frequente ruzies met partner	13,02	Geboorte (voor de papa)	5,13
Ruzie met een lid van jouw biologische familie	12,83	Verloving van één van de kinderen	4,53
Ruzie met verloofde	12,66	Verlovingsfeest van jezelf	3,70
Serieuze financiële lening	12,64	Plannen om kinderen te kopen	3,56
Dispuut met baas of collega's	12,21	Gewenst huwelijk van één van de kinderen	2,94

H0030638

Als je het voorbije jaar belangrijke veranderingen in je leven meegemaakt hebt, denk eraan dat ze misschien een abnormale gevoeligheid kunnen teweegbrengen. Wees jezelf daar bewust van. Wees minder veeleisend voor jezelf en voor de anderen. Hou er rekening mee in je globale levensvisie en bij het definiëren van je doelstellingen.

2.3. Emotionele visie en implicatie

Zij die zich nauwelijks emotioneel betrokken voelen bij de strategie van hun onderneming hebben doorgaans weinig kennis of inzicht in de strategische visie. Misschien werden die zaken wel slecht gecommuniceerd of slecht vertaald naar de medewerkers toe. Het is ook mogelijk dat de bedrijfsleiders er zelf geen duidelijk zicht op hebben. Het valt ook voor dat de directie duidelijke doelstellingen vooropstelt, maar te veel om nog duidelijk te zijn voor de medewerkers. In dat geval moet de directie de Pareto toepassen: kies de drie of vier prioritaire doelstellingen en formuleer ze duidelijk.

Als het proces van mentale versterking, beschreven in het vorige hoofdstuk, gevolgd wordt, kan de menselijke geest zich bewust worden van de te bereiken doelstellingen. Daarvoor moet hij ze eerst kennen, vervolgens begrijpen, zichzelf bekwaam achten en dan beslissen "ik wil". Dat is het beste middel om de ganse groep op dezelfde trein te krijgen, om samen in dezelfde richting te vertrekken, zelfs al kijkt eenieder door "zijn" venster.

De Pareto

Emoties en gevoelens lijken op het eerste zicht vaak onlogisch.
Maar ze hebben een doel: jouw aandacht vestigen op een onevenwicht.
Ze werken als een verklikkerlampje op het dashboard van jouw wagen dat aangeeft of een functie al dan niet werkt.
Zoals positieve emoties en gevoelens synoniem zijn voor evenwicht en gezondheid, zijn negatieve emoties en gevoelens de afspiegeling van een inwendig ongemak.
Als je één van deze tekenen vaststelt of indien anderen je er op wijzen, wees dan op je hoede: als je niet ingrijpt, riskeren de symptomen en hun gevolgen alleen maar toe te nemen.

De kernzin

Ik zie de werkelijkheid onder ogen en los één probleem tegelijk op

3. Fysieke versterking – de fysiologische agenda

Figuur 10: de fysiologische agenda – rooster van de "3 R'en"

	Cyclus van Reinforcement *Voor druk* De batterijen versterken	**Cyclus van Resistance** *Onder druk* Efficiënt blijven presteren	**Cyclus van Recovery** *Na druk* De batterijen heropladen
Mentaal	*Prioriteiten stellen*	*In perspectief plaatsen* *&* *Zelf-affirmatie*	*Slaap* *Voeding* *Lichamelijke oefening* *Humor* *Ontspanning* *Psychische noden* *Sociale contacten*
Emotioneel	*Confrontatie met de werkelijkheid*	*Uitlaatkleppen*	
Fysiek	*De fysiologische agenda & rituelen*	*Relaxatie-oefeningen*	

H0030684

3.1. Biologische ritmes

Ongeveer acht uur na het ontwaken, tussen 14 en 15 uur, ondergaat ons circadiaans ritme een inzinking van ongeveer één uur waarin onze alertheid afneemt. Tijdens deze periode vermindert onze fysieke capaciteit en vertraagt het mentale proces van memorisatie, concentratie en opslag van informatie. Eenieder herkent wel die periode van 'knikkebollen' in de namiddag. Het is moeilijk om dan efficiënt te werken.

Normaal gezien hebben we binnen de werksfeer geen tijd om even snel een tukje te doen. Bovendien is een siësta ook niet echt sociaal aanvaard... Om het effect van deze circadische depressie te beperken loont het natuurlijke stimuli te zoeken: dit kan in een korte fysieke activiteit vóór of na de lunch (sport, wandeling) of in opwindende taken tijdens deze momenten van verminderde alertheid (bezoek, afspraak, interactieve vergadering).

Het is nodig dat we alert blijven tijdens deze circadische depressie. Vele mensen verzetten zich tegen dit gevoel van moeheid, maar dat is niet eenvoudig. Door concentratieverlies en soms echt indommelen gebeuren er vaak ongevallen op deze moment. Dit komt voornamelijk voor bij mensen op de baan en bij de bediening van machines.

Vecht niet langer tegen je lichaam. Respecteer zijn natuurlijk ritme zodat er minder fysieke energie verloren gaat.

3.1.1. *Regel je biologische klok*

Onze dagen zijn onderhevig aan honderden ritmes. Het belangrijkste is dat van de afwisseling waken/slapen. Deze functies zijn genetisch geprogrammeerd en zitten diep ingeworteld in onze hersenen. Naargelang het moment van de dag scheidt ons lichaam chemische stoffen af die ons humeur, onze alertheid, maar ook onze slaap beïnvloeden.

De omgeving ligt weliswaar niet aan de oorsprong van onze biologische ritmes, maar kan ze wel veranderen: de afwisseling licht – donker, de dag - en nachttemperatuur, de seizoenen... Eetpauzes en werkroosters spelen niet alleen een "synchroniserende", maar ook een "desynchroniserende" rol.

3.2. *Fysiologische agenda*

dringende zaken >< irrationele gedachten

Als we onze dagelijkse activiteiten beter programmeren, verhogen we onze doeltreffendheid. Spijtig genoeg kunnen enkel de geplande taken herschikt worden in functie van fysiologische criteria. Dringende en onvoorziene gevallen vergen een ander soort filter. Als we geen strikt organisatieplan aanhouden tijdens momenten van grote druk, gaat er veel energie verloren: we worden dan meegesleept in de stroom van dagelijkse dringendheden en worden zo de speelbal van chaos.

Fysiologisch mag je "dringende zaken" niet verwarren met "irrationele gedachten". De eerste zijn reëel, bewust en zichtbaar. Ze komen uit de externe omgeving. Ze vangen onze aandacht en wenden ons af van onze doelstellingen.

Irrationele gedachten daarentegen zijn virtueel, onbewust en onzichtbaar. Ze spruiten voort uit een vorm van mentale pollutie die ons redeneringsvermogen aantast. Het gaat hier om bepaalde minder flexibele overtuigingen, interpretaties of niet rationele manieren van denken.

Om deze twee verstoorders efficiënt te bestrijden, zijn er allerlei middelen voorhanden. Dit hoofdstuk stelt concrete oplossingen voor om de reële en zichtbare urgenties het hoofd te bieden door rekening te houden met bepaalde fysiologische wetten. Hoe we moeten omgaan met onze irrationele gedachten, met inwendige en onzichtbare stressfactoren behoort veeleer tot het mentale domein onder stress: dat specifieke thema wordt besproken in de volgende cyclus van "Mentale weerstand".

3.2.1. De dictatuur van de "urgentie"

Dringende gevallen verstoren de planning. Ze overvallen je, en beletten dat je jouw doelstellingen van die dag behaalt. Ze bezitten twee "fysieke" kenmerken:

- ze zijn concreet en zichtbaar: daarom leggen ze zozeer beslag op mijn aandacht;
- ze creëren een gevoel van hyperactiviteit: ze geven de indruk dat ik alsmaar moet hollen.

Je bent verplicht om een snelle en selectieve filter te gebruiken om hun onophoudelijke toevloed te stroomlijnen. Dit kan door een onderscheid te maken tussen wat op dat ogenblik dringend is en/of belangrijk. Om de verhouding belangrijk/dringend te kwantificeren, moet je eerst in staat zijn om te onderscheiden wat echt belangrijk is. Ten opzichte van wat is het belangrijk, voor welk te bereiken doel, ten nadele van welke waarden?

3.2.2. Filtering

Vertrekkend van de "TRAF" filter van Stéphanie Wilkinson (Toss – Refer – Act – File) via de "4 D's" van het Priority Management (Do – Delegate – Do later – Dump) tot de excellente "ACTE" filter van Professor Patrick Georges (Agir – Classer – Transmettre – Eliminer) stellen de beste filters allemaal voor om onmiddellijk te beslissen over het lot van een urgentie, en wel in vier opeenvolgende etappes.

De bewuste en zichtbare urgentie kan niet op tegen deze shockbehandeling. Voor een elektronische mail bieden de computerprogramma's systematisch de volgende 4 opties:

- Wissen (Delete): onmiddellijk wissen als de informatie niet van belang is voor jou.
- Doorsturen (Forward): indien mogelijk de behandeling van dit document delegeren aan een persoon die daarvoor beter geplaatst is dan jij.
- Klasseren (File): in een dossier klasseren, of in de agenda plannen ter behandeling op een geschikter moment.
- Antwoorden (Reply): onmiddellijk handelen indien het belang duidelijk geïdentificeerd is.

Doe de moeite om deze systematische chronologische filtering te gebruiken. Dan zullen enkel de dringende gevallen die werkelijk belangrijk zijn voor jou erin slagen om jouw planning te doorbreken. De andere zullen afgeleid worden naar de vuilnisbak, de agenda van iemand anders of naar je persoonlijke agenda, maar op een beter moment dat je zelf kiest.

3.2.3. *Circadiaanse inzinking*

In de inleiding haalden wij het voorbeeld aan van de circadiaanse inzinking die acht uur na het ontwaken optreedt. Als reactie op een natuurlijk biologisch ritme dat gevoelig is voor hormonale veranderingen en schommelingen in de bloedsuikerspiegel, belandt ons lichaam in een toestand van verminderde alertheid gedurende ongeveer één uur. De hersenen werken met een beperkte rationaliteit: tijdens deze periode hebben ze slechts toegang tot 6 of 7 logicaniveaus van de gebruikelijke 25 niveaus. Als deze periode ook nog eens samenvalt met de spijsvertering – wat doorgaans het geval is – bereikt onze aandacht haar absolute dieptepunt.

Een siësta is het natuurlijke en meest aangewezen antwoord op deze situatie. In sommige warme landen maakt ze deel uit van het dagelijks ritme. Bij ons is dat zeker geen automatisme en de werkritmes maken het er niet makkelijker op (hoewel men toch steeds meer in die richting gaat denken). De meesten onder ons moeten vechten om tijdens die periode doeltreffend te blijven werken. Dat is één van de fysiologische aspecten waaraan de sport het hardst heeft moeten werken, want heel wat sportwedstrijden zijn gepland op dat delicate tijdstip van de dag.

Enkele praktische tips:

- MIDDAGMAAL: De **kwaliteit en de kwantiteit** zijn belangrijke elementen. Een overvloedige en zware maaltijd die veel verzadigde vetten bevat, zal het spijsverteringsstelsel zwaarder belasten waardoor de circadiaanse weerslag nog groter wordt; alcohol werkt dat fenomeen natuurlijk nog meer in de hand.

- MIDDAGACTIVITEIT: **Fysieke activiteit** stimuleert het organisme en vermindert het gevoel van vermoeidheid. Neem wat frisse lucht, maak een wandeling en het slaperig gevoel zal reeds verminderen. Verander de bedrijfscultuur, en sta toe dat mensen rechtstaan tijdens vergaderingen. Enkele keren door de benen gaan verhoogt de alertheid en concentratie. Al te vaak plant men vergaderingen waar de mensen gedurende vele uren niet van hun stoel afkomen…

- OCHTENDPAUZE: Men heeft vastgesteld dat een pauze halverwege de voormiddag de intensiteit van het circadiaanse dieptepunt in de namiddag verminderde. In plaats van vier uur constant onder druk te werken, is het beter om tussendoor een tiental minuutjes pauze te nemen. Studies hebben uitgewezen dat minstens 8 minuten pauze slechts weinig impact hebben op de circadiaanse inzinking en dat de curve zich stabiliseert vanaf 12 minuten pauze. De ideale **fysiologische pauze** blijkt zich dus te situeren tussen 8 en 12 minuten. Dat is een goed bestede tijd want je zal de positieve impact ervan voelen tijdens de ganse duur van de inzinking.

- SOORT TAKEN: Tijdens de dieptepunten voer je best **actieve taken** uit die je weerstand verhogen. Het is niet het moment om zware hoofdarbeid te gaan verrichten, maar het is wel geschikt voor verbale communicatie. Plan bezoeken, interactieve vergaderingen met 2 of 3 mensen. Het is een ideale moment om mensen terug te bellen die op jouw telefoontje wachten.

3.2.4. Persoonlijke core business

Maak elke dag je prioriteitenlijst op. Neem er ook de vervelende taken in op die je geneigd bent voor je uit te schuiven. Boven aan de lijst plaats je jouw "persoonlijke core business", je basisactiviteit, dat wil zeggen de drie of vier belangrijkste functies (jouw hoofdrollen) die jouw efficiëntie (of die van je ploeg, gezin of onderneming) echt bevorderen.

Laat je niet domineren door je takenlijst. Ze is bedoeld om je te helpen je vitale prioriteiten beter na te leven en *niet om je onder druk te zetten.* Je kunt het onvoorzienbare niet voorzien. Als je vaststelt dat je niet alle taken kunt afwerken, pas de lijst dan aan.

Als je tijd over hebt, besteedt hem dan aan je "Rode draad" activiteit van de dag (dossier dat je steeds binnen handbereik hebt). Op het einde van de dag vind je voldoening in het schrappen van de acties die je hebt verwezenlijkt.

3.2.5. Werkgeheugen

Plan twee (fysiologische) pauzes per dag: één in de voormiddag en één in de namiddag. *Profiteer van deze korte pauzes van ongeveer 10 minuten om je kantoor te verlaten, een luchtje te scheppen indien mogelijk en een klein energiesupplement te eten. De hersenen werken op glucose en zuurstof!*

Bovendien bereiken je hersenen een eerste intelligentiepiek ongeveer 2.30u na het eten: dat is de tijd die het organisme nodig heeft om het voedsel in supergeraffineerde brandstof (vorm van glucose) om te zetten geschikt voor je intellectuele arbeid.

Tussen 10 en 11 uur zit je in je ochtendpiek. Dat is de ideale tijd om je korte termijn geheugen, je "werkgeheugen" te doen werken: inspiratie vinden, hangende dossiers behandelen, snel nadenken.

In het tweede deel van de namiddag flakkeren je intellectuele vermogens opnieuw op (2.30u na lunch); ze bevorderen ditmaal je lange termijn geheugen: grondig denkwerk, vergaand geheugen, ingewikkelde berekeningen, talen leren.

'S Avonds, zo ongeveer 2.30u na het avondmaal krijg je een derde intelligentiepiek (eerder op lange termijn geheugen). De ochtendpiek voel je meestal meer dan de middag- en avondpieken. De ochtendbatterijen zijn dan immers nog sterk opgeladen en peppen je prestaties op. Pech voor jou als je het ontbijt overgeslagen hebt. Je zult op dat moment van dagelijkse "helderheid" minder glucose ter beschikking hebben. Dat is niet erg voor jou, jij zult het niet beseffen, maar je omgeving misschien wel ...

3.2.6. Afstand nemen – Woensdag met zijn allen de boom in

De wekelijkse productiviteitscurve volgt de natuurlijke schommeling. Dinsdag en donderdag zijn de twee meest productieve dagen in een onderneming. Woensdag is een goede dag, maar minder goed dan de twee vorige. Maandag en vrijdag zijn middelmatige dagen van opstarten en beëindigen van de activiteit. Minstens één woensdag per maand, tijdens het tweede deel van de ochtend, zou je in je agenda wat afgeschermde werktijd moeten programmeren om eventjes tot rust te komen.

Waarom woensdag? Het lijkt niet aangewezen om het programma van de dinsdag en donderdagen te overbelasten met een "operationele distantiëring". Anderzijds is maandag vaak de dag waarop operaties gelanceerd worden. Woensdag is een interessante oplossing, eventueel afgewisseld met vrijdag. Waarom het tweede gedeelte van de ochtend? Om je geest te gebruiken op het meest heldere moment dat voor dat soort denkwerk geschikt is: 2.30u na het ontbijt.

Het tempo van éénmaal per maand moet volstaan om jouw persoonlijke keuzes en procedures regelmatig te kunnen herinschatten. Deze kleine adempauze is vooral aangewezen voor diegenen die concrete oplossingen op dat vlak zoeken. Ze is niet geschikt voor zij die hun persoonlijke audit eerder intuïtief verrichten. Iedereen moet aanvoelen welk moment en welke regelmaat hem het best uitkomt voor zijn persoonlijke organisatie.

3.2.7. Denkruimte

Bescherm je hoofdactiviteit. Elke onderbreking of verstoring kosten je verschillende minuten om de draad van je gedachtegang terug op te pikken. Dit verklaart waarom zovele mensen geneigd zijn om zich kunstmatig af te schermen door 's morgens vroeg te beginnen en 's avonds laat te vertrekken! Zij hebben de – reële – indruk dat ze dan sneller en efficiënter vooruit gaan. Hier vind je ook ineens de verklaring waarom zovele mensen vaak werk mee naar huis nemen: "Ik doe thuis op 1 uur waar ik overdag 3 uur voor nodig heb..." Natuurlijk!!! Omdat je daar niet gestoord wordt.

Sta eerst even stil bij jouw werkomgeving en jouw persoonlijke procedures. Indien je een eigen afgescheiden bureau hebt, sluit de deur op momenten dat je geconcentreerd wil werken. Vele managers denken dat de deur voortdurend MOET open blijven omdat je klaar wil staan voor je ploeg! Neen, niemand zal er aanstoot aan nemen als je de medewerkers laat weten dat de deur op een bepaald moment van de dag gesloten zal blijven zodat je kan verderwerken aan je zwaardere dossiers die al je aandacht vragen.

Wie niet over een eigen bureau beschikt, zou een "silent room" moeten installeren, een rustige plaats die ingericht is als een werk- of leeszaal in een bibliotheek. Geen lawaai, geen sigaretten, geen telefoon en wederzijds respect van de mensen die aanwezig zijn.

3.2.8. Tijdsvreters

Schaf overbodige en tijdrovende taken af. We verrichten allemaal heel wat taken uit gewoonte zonder ons af te vragen wat het nut ervan is. Is het echt nodig om dat tijdschrift, die brief of krant te lezen zodra ik ze ontvang? Kan ik dat niet beter doen tussen twee activiteiten door? Misschien besef je niet eens dat het meer een routine dan een echte noodzaak geworden is ...

Noteer eens al deze "automatische" activiteiten gedurende enkele dagen en schrap dan categorisch deze die je tijdverlies bezorgen (of probeer ze efficiënter onder te brengen in je planning). Moet je deze taken echt zelf uitvoeren? "Ja, want niemand anders kan dat zo goed als ik..." Uiteraard zal je het zelf beter doen! Of toch niet?

Jouw vrijheid van handelen en de uitvoering van je hoofdtaken hangt af van:

- je vermogen om "neen" te zeggen;
- je bekwaamheid om te delegeren;
- je toepassing van de PARETO (de 20 % taken definiëren die je 80 % voldoening schenken).

Vaak moet je meer doen op een dag dan je aankunt. Soms kom je mensen tegen die jou vragen om hen een dienst te bewijzen of zelfs hun taken over te nemen. Als je absoluut je tijd goed wil beheren, moet je kordaat optreden.

3.2.9. *Rode draad*

Beslis bij jouw aankomst op je kantoor welke de "afgesloten zaak" van de dag zal worden. Begin er 's morgens aan en weet waar je wil eindigen op het einde van de dag. Het feit dat je minstens één zaak per dag afwerkt, geeft je een voldaan gevoel. Dat kan een kleine taak zijn (een vervelend telefoontje), een vervelend werk dat je steeds weer uitstelt (brief, klacht, ...) of een moeilijk dossier dat afgewerkt moet worden. Deze taak zal de **rode draad** van de dag zijn zolang hij niet voltooid is. Deze prioriteit mag in geen geval tot morgen uitgesteld worden.

3.3. *Rituelen*

Ons organisme heeft behoefte aan regelmaat. Het kijkt uit naar de gebeurtenissen "die de tijd aangeven" alsook naar het uur van onze chronobiologie. Bepaalde gebeurtenissen op een vast uur plannen is essentieel voor ons mentaal en hormonaal evenwicht: zorgvuldig en identificeerbaar als ze zijn, kunnen ze als hormonale regulatoren dienen. De verstoring van dat ritme kan aanleiding geven tot bepaalde depressies. Vroeger op het platteland werden alle activiteiten stilgelegd zodra het Angelus luidde. Het middagmaal werd steeds thuis genomen. Welke aanknopingspunten hebben wij nog?

Het eerste ritueel is het opstaan, gevolgd door de persoonlijke hygiëne (duur ongeveer 20 minuten). Het laatste is het slapengaan met het ritueel van het inslapen (gemiddeld 20 minuten). Daartussen is het aan jou om wat regelmaat in je leven te brengen.
Doorgaans vormen efficiënte en strenge rituelen natuurlijke barrières tegen negatieve emoties. Ze verminderen de onzekerheid. Rituelen zijn bewust en zichtbaar terwijl de activiteiten daarbuiten oncontroleerbaar zijn. De strikte

orkestratie van rituelen zorgt voor een betere zelfbeheersing in momenten van spanning. Ze structureren onze organisatie en zorgen ervoor dat we onze actietijd beter beheersen.

Wanneer je jouw dag opdeelt en organiseert zal dit je helpen om de druk van je omgeving te verminderen. De gewonnen tijd kan je voor jezelf, je ontspanning en het heropladen van je energie gebruiken. In plaats van jezelf elke dag opnieuw onvoorbereid op de berg te verrichten taken te storten, loont het om even wat meer tijd te steken in de manier waarop je die berg taken wil verwerken. De tijd die je verliest door op voorhand na te denken welk soort werk je op welk moment van de dag gaat doen, win je ruimschoots terug door een grotere efficiëntie bij de uitvoering ervan!

Indien wij de organisatie van elke dag zouden koppelen aan het fluctueren van onze intellectuele en fysieke vermogens, zouden we niet zo dikwijls klagen over vermoeidheid of stress. Hieronder geven wij een ideale dagindeling, georkestreerd door de chronobiologie en gestuurd door de gepaste rituelen die een verhoogde doeltreffendheid garanderen. Kies hieruit de zaken die jouw zwakke zones in je agenda zouden kunnen "verrijken". Neem ze niet te letterlijk, op het gevaar af dat je er maniakaal geobsedeerd door raakt en de gevangene van je routines wordt.

Ontwaken en opstaan

- Steek alle lichten aan en open het raam (ga naar buiten als de zon schijnt). De productie van melatonine wordt afgebroken tussen 6 en 7 uur, en dit proces wordt versneld door licht.
- Als je wilt is dit een geschikt moment om je spieren wakker te maken en te trainen (10 minuten oefeningen). Stap, loop, doe wat stretching.
- Drink een glas fruitsap om het suikergehalte in je bloed te verhogen.
- Volg het ritueel van jouw persoonlijke hygiëne (+/- 20 minuten).
- Volg het ritueel van het aankleden.
- Neem je ontbijt.
  Bijvoorbeeld: fruit of fruitsap, halfvolle melk, een sneetje geroosterd volkorenbrood met light confituur, corn flakes.
- Overloop jouw algemene prioriteitenlijst. Plaats de "prioritaire zaken" in je planning van de dag. Overloop in enkele minuten de uitdagingen van de dag.
- Maak je tussendoortjes klaar.
  Bijvoorbeeld: appelen, sinaasappelen, rozijnen, droge koekjes, ...

Op weg naar het werk

- Het verkeer is voor vele mensen één bron van ellende! Zonder twijfel hebben ze gelijk, maar het loont om de dagelijkse portie ergernis om te zetten in een activiteit die ontspant, amuseert, verrijkend is.
- Luister naar muziek, taal- of litteraire cassettes of Cd's.
- Lees als je de metro, bus of tram neemt (en je nog een plaatsje hebt natuurlijk...).
- Het gaat erom dat je de stress van de reis omzet in een recuperatiefactor.
- Als je nog wat slaap nodig hebt, durf even in te dutten op de metro, de bus of de tram (liefst niet in de wagen...).

Aankomst op kantoor

- Zorg ervoor dat je 10 minuten te vroeg aankomt indien je een afspraak hebt
- Voer je **startrituelen** uit: beantwoord geen telefoontjes en ontvang geen bezoekers zolang je startritueel niet afgewerkt is.
  Orden je bureau: prioriteitenlijst in de ene hoek (altijd dezelfde), planning open en klaar, dossiers van de dag, leg de mappen, documenten die je voor de dag nodig hebt op een goed bereikbare plaats, leg je memo's en telefoonnummers klaar.
  Voorzie wat tijd in de namiddag om je telefoontjes te beantwoorden.
- Neem na 90 minuten een eerste fysiologische pauze van 10 minuten.
- Las een element "voeding" of "oefeningen" in.
  Voorbeelden van voeding: halve sinaasappel, lichte koekjes, 15 cl mineraalwater.
  Voorbeelden van oefeningen: wandeling buiten door de trap te nemen.

Middagpauze

- 15 à 30 minuten oefeningen (facultatief).
  Voorbeelden: wandeling buiten, turnzaal, de trap nemen.
- Middagmaal: mengeling van koolhydraten (trage suikers, deegwaren) en eiwitten om je energie op peil te houden voor de rest van de dag.
  Voorbeelden: bruin brood, mosterd (geen mayonaise), sla, tomaat, fruit, magere joghurt, fruitsap, mineraalwater.

Dagelijkse inzinking (rond 14 - 15 u.)

- Na de maaltijd zal een siësta van 10 à 20 minuten (of relaxatieoefening) je alert en geconcentreerd houden gedurende 1u45. Als je activiteit dit toelaat, maak dan van de gelegenheid gebruik om je productiviteit te verhogen door synchroon te blijven met de natuurlijke ritmes van je lichaam.

- Gebruik deze tijd voor actieve taken die weinig concentratie vragen.
- Dit is het goede moment voor e-mails, telefoontjes, afspraken, verplaatsingen, externe bezoeken, dus alle activiteiten die beweging vereisen.
- Vermijd om in deze periode denk-, precisie- of schrijfwerk te programmeren.

Namiddagpauze (fysiologische pauze)
- Een pauze nemen betekent: de activiteit waarmee je bezig bent volledig stopzetten gedurende een tiental minuten en ze vervangen door bezigheden die je een echte golf van recuperatie opleveren.
- Wandelen, stretching, buikspieroefeningen zijn uitstekende voorbeelden. Lachen zorgt ook voor een goede recuperatie. Naar muziek luisteren, een vriend opbellen of je even afzonderen zijn andere middelen om een evenwicht tussen werken en recupereren te vinden.
- Elke pauze houdt een vorm van voedingsherstel in. De hoeveelheid water of fruitsap hangt af van de warmte en de vochtigheidsgraad, de intensiteit van de oefeningen, enz. Je moet minstens 1,5 à 2 liter mineraalwater per dag drinken.
  Andere voorbeelden van snacks: wortelen, rozijnen, vers fruit.

Fysieke activiteit op het einde van de middag
- Dat is het ideale moment om aan sport te doen en de spanningen te laten wegvloeien. In de sport worden de beste prestaties (en gebroken records) na 16 uur genoteerd.
- Sporten rond dit ogenblik bevordert de slaap.
- Doe 20-30 minuten oefeningen gevolgd door 10 minuten stretching.
- Om de twee dagen train je de spieren en gewrichten die je weinig gebruikt (toestellen, gewichten, ...).
- Als je deze oefeningen niet op dat ogenblik kunt doen, train dan op een ander tijdstip.
- Doe geen oefeningen tijdens de laatste 2 uur vóór je gaat slapen.
  De hormonale veranderingen (adrenaline) na de fysieke inspanningen kunnen het inslapen bemoeilijken.

Avondmaal
- Neem een lichte maaltijd met veel verse groenten.
- Het glas wijn of bier bij de maaltijd is facultatief en niet aan te raden voor mensen met slaapproblemen. Voor sommige mensen kan alcohol, zelfs in een geringe hoeveelheid, de slaapcyclus ernstig verstoren.
- Probeer vóór acht uur te eten.
- Vermijd dranken of voedsel die cafeïne bevatten.
- Eet samen met je gezin, indien mogelijk.

Avonden

- Maak elk dag tijd vrij voor je dierbaren. Het is de kwaliteit van die ogenblikken die van belang is, niet de duur. Luister aandachtig, praat en communiceer.
- Als je naar het buitenland moet, neem dan regelmatig de tijd om je dierbaren op te bellen.
- Plan je weekends, vrije dagen en vakanties zorgvuldig om het affectieve contact met je gezin en je beste vrienden te herstellen.
- Besteed wat tijd (zelfs kort) aan je persoonlijke hobby: muziek, schilderen, schrijven of enige andere creatieve bezigheid. Deze activiteiten zijn uitstekende recuperatiemiddelen zowel op mentaal als op emotioneel vlak.
- Eet nog een snack als je slecht in slaap raakt.
  Voorbeelden: lichte koekjes.

Slaapritueel (tussen 22.30u en 23.30u)

- Het slaapritueel zou ongeveer 20 minuten voor je wil inslapen, moeten aanvangen. Er zijn tal van mogelijkheden: lauwe douche, televisie, een boek, muziek, meditatie, enz.
- Ideaal voor de kwaliteit van de slaap is dat je vóór 23 uur inslaapt.

3.4. Algemene opmerkingen

- Beperk je cafeïneverbruik.
- Bouw zo snel mogelijk een routine op waardoor je dag in golven verloopt en je de ganse tijd in evenwicht blijft.
- Een perfect tijdsbeheer is heel belangrijk om jezelf onder controle te houden tijdens de momenten van intense spanning.

De Pareto

Organiseer jouw dagelijkse taken met respect voor je natuurlijk biologisch ritme.
Prioriteiten: trek aan het begin van de dag 5 minuten uit om de momenten van jouw "persoonlijke core business" in je agenda vast te leggen.
Reserveer ook 5 minuten op het einde van de dag om je gebruikte tijd te evalueren en bereid de prioriteiten van de volgende dag voor.
Filtering van de informatie: gebruik een goede filter om de talrijke beslissingen te nemen.
Agenda: behandel je energieopladingen als je voornaamste taken: indien je toch eens moet annuleren leg je zo snel mogelijk een nieuw moment vast in je agenda.
Tevreden afsluiten: probeer om elke dag minstens één project, werkopdracht (dagelijks "rode draad" dossier) voor 100% af te sluiten.

De kernzin

Ik respecteer mijn natuurlijk ritme in mijn persoonlijke organisatie.

Mega Pareto

Samenvatting van de cyclus versterking (Reinforcement)

MENTALE VERSTERKING:
De mentale kracht die we in een taak of een opdracht investeren, wordt gestuurd door drie belangrijke parameters: toekomstvisie (duidelijke doelstellingen), zelfrespect (rotsvast geloven dat we de uitdaging aankunnen) en erkenning (morele of financiële) voor de geleverde inspanning.
Indien één van die parameters ontbreekt, valt onze motivatie terug op nul.

EMOTIONELE VERSTERKING:
Een belangrijke stap in onze emotionele uithouding is de werkelijkheid onder ogen zien.
De stressors (h)erkennen, analyseren en één voor één aanpakken via concrete acties.

FYSIEKE VERSTERKING:
Vecht niet langer tegen je lichaam.
Fysieke versterking begint met actief te luisteren naar het natuurlijk ritme van je lichaam.
Structureer jouw werk fysiologisch verantwoord: profiteer van jouw intelligentiepieken, plan iets actiefs tijdens jouw dagelijkse inzinking na de lunch, respecteer jouw fyiologische pauzes. Maak uw eigen "fysiologisch verantwoorde agenda".

III. CYCLUS VAN WEERSTAND (RESISTANCE)

Definitie
Weerstand is het vermogen om druk te verdragen zonder ingrijpende veranderingen te ondergaan.

In het eerste deel van dit boek, de voorbereiding - of versterkingscyclus, hebben we bekeken wat je allemaal kan doen om jezelf te versterken vooraleer piekmomenten van druk en stress je overvallen.

Het tweede deel dat we "weerstandscyclus" noemen (Resistance), willen we besteden aan wat je kan doen om onder druk en in situaties van stres efficiënt te blijven presteren. Efficiënt wil zeggen: zorgzaam met jouw energie en met de juiste focus. We zullen technieken analyseren om efficiënt te ageren en te reageren onder druk van een verstorend element (intern of extern).

Laat ons duidelijk wezen, "druk" mag je niet verwarren met "stress":
- We spreken van *druk* wanneer er aan bepaalde (door het werk) gestelde vereisten voldaan moet worden binnen een bepaalde termijn.
- We spreken van *stress* wanneer we druk negatief ervaren. Dat wil zeggen wanneer je het gevoel hebt dat je niet in staat bent om aan deze vereisten te voldoen...

(Positieve) druk versus (negatieve) stress
Niemand is vrij van stress. Het zijn niet alleen mensen met belangrijke verantwoordelijkheden die onderhevig zijn aan stress. Werklozen of laaggeschoolde werknemers ondergaan eveneens spanningen die ze moeilijk kunnen beheren. Ook mensen met een job die niet (voldoende) motiveert of die geen of nauwelijks waardering oplevert, geraken gestresst.

In een post met verantwoordelijkheden kan stress ontstaan zodra er méér van de persoon verwacht wordt dan de vaardigheden die hij bezit of meent te bezitten. Zo kunnen promoties soms eerder een bedreiging lijken dan een beloning voor de geleverde inspanningen. Promotie kan anderzijds ook een nieuwe uitdaging vormen. We spreken dan van "positieve druk" die energie vrijmaakt waardoor doelstellingen makkelijker bereikt worden.

Uit recente statistieken is gebleken dat 75 % van de arbeidsongevallen en 80 % van de conflicten tussen de collega's zich tijdens de *twee laatste werkuren* voordoen. Logisch, want onze fysieke, mentale en emotionele batterijen lopen langzaam leeg tijdens de dag.

Vermoeidheid (fysieke batterij) heeft tot gevolg dat onze (mentale) perceptie van de realiteit vervormd wordt. Wanneer een 'probleem' op het einde van de dag voorvalt, vinden we het meestal een probleem. Terwijl het misschien als een prikkel of uitdaging (positieve druk) opgevat zou zijn indien het zich in de ochtenduren voorgedaan had! Voor de sport- en de bedrijfsatleet is het dan ook dé grote uitdaging om druk zo te beheren dat het geen stress wordt. Door ons uithoudingsvermogen te verbeteren (versterking) maken we ons minder kwetsbaar. Door onze weerstand te verhogen verspillen we minder energie, en zijn we beter in staat krachten te mobiliseren om langdurige pieken van stress het hoofd te bieden.

Net zoals bij de cyclus van versterking voor stress (Reinforcement) werken we dit nu ook uit voor onze drie batterijen. Uit de vele mogelijkheden die aangeboden worden om jezelf te versterken, maakten we volgende Pareto:

- *Mentale weerstand:* alles in **perspectief** leren plaatsen om jouw waarneming van het probleem te veranderen; **rationeel** denken zorgt voor controle, en controleert uw emotionele respons;

- *Emotionele weerstand:* jouw emoties (h)erkennen en er een **uitlaatklep** voor zoeken;

- *Fysieke weerstand:* in het heetst van de strijd zijn **relaxatietechnieken** (*ademhaling, visualisatie,...*) een praktisch en efficiënt hulpmiddel om het lichaam te ontspannen.

1. Mentale weerstand

Figuur 11: In perspectief plaatsen en zelfaffirmatie – rooster van de "3 R'en"

	Cyclus van Reinforcement *Voor druk* De batterijen versterken	**Cyclus van Resistance** *Onder druk* Efficiënt blijven presteren	**Cyclus van Recovery** *Na druk* De batterijen heropladen
Mentaal	*Prioriteiten stellen*	*In perspectief plaatsen & Zelf-affirmatie*	*Slaap* *Voeding* *Lichamelijke oefening* *Humor* *Ontspanning* *Psychische noden* *Sociale contacten*
Emotioneel	*Confrontatie met de werkelijkheid*	*Uitlaatkleppen*	
Fysiek	*De fysiologische agenda & rituelen*	*Relaxatie-oefeningen*	

H0030637

Onderzoek aan de Stanford University over de manier waarop oorlogsgevangenen en overlevenden van concentratiekampen hun (toch wel extreme) stress verwerkt hebben, toont enkele interessante zaken aan. Om wat levensenergie in zich te houden vervormden deze mensen hun beeld van de realiteit door:

- nooit op te geven (in hun hoofd);
- altijd een zekere controle te bewaren (hoe weinig ook);
- zin te geven aan hun lijden en pijn;
- te focussen op het weinige positieve (2 korstjes brood vandaag...);
- met als doel: overleven (want dan kan ik getuigen...).

Deze verbazende resultaten tonen duidelijk aan dat de manier waarop we gebeurtenissen inwendig verwerken bepalend is voor hun impact op onze mentale en fysieke gezondheid. Persoonlijke waarneming en interpretatie zijn de sleutelfactoren voor weerstand onder druk. *"Niets is goed of slecht op zich; het is de gedachte die het hem doet", schreef Shakespeare terecht.*

De impact van stress op jouw lichaam wordt bepaald door jouw reactie op de gebeurtenissen: jouw perceptie, jouw cognitieve beoordeling, en jouw interpretatie zijn bepalend. Deze vaardigheden zijn TRAINBAAR!!!
Het belangrijkste wat we hier willen aantonen is dat **je denken** en de manier waarop je in jezelf **spreekt** (de 'innerlijke stemmetjes') een uiterst

grote invloed hebben op je emoties: **je voelt jezelf naargelang wat je denkt.** Indien dat denken irrationeel is, zullen je emoties dat ook zijn, en omgekeerd ook natuurlijk.

Een gezonde mentale respons op stress

Een gezonde mentale respons op stress verloopt in drie stappen.

- Stap 1: bewustwording dat je *zelf verantwoordelijk* bent voor jouw manier van reageren op een prikkel. Dit vergt meestal een reorganisatie van uw denken en een eerlijke zelfevaluatie. Flexibiliteit maakt dit proces eenvoudiger en efficiënter.

- Stap 2: afstappen van de positie van slachtoffer (puur emotionele reactie: "ik kan er toch niets aan doen...") naar een positie waar je de *controle* leert bewaren (al is het maar gedeeltelijk). Dit kan via training en inzicht.

- Stap 3: bewust en routinematig zo leren denken en handelen dat je positief, energiek, en resiliënt blijft onder stress. Jouw gedachten onder controle leren houden is één ding, ze ook nog *positief uiten* een ander... Het vergt oefening om jouw energie, inzet en veerkracht te bewaren onder stress.

Denk aan het klassieke voorbeeld van de computerpanne.
Eerste reactie is dat je je onmiddellijk druk maakt: "dat had ik nu net nodig". Wanneer het wachten blijft duren en je er niet in slaagt om de realiteit te aanvaarden ("het is nu éénmaal zo: ik zit enige tijd geblokkeerd... ") beginnen de inwendige interpretaties. Al snel beland je in een rampscenario: "Het contract zal geannuleerd worden... De klant zal razend zijn en mijn baas ook... Mijn dag is naar de vaantjes... Promotie kan ik nu wel vergeten ... ".

Deze mentale valkuilen zijn uiterst bezoedelend voor je geest, want ze doen je in een vicieuze cirkel belanden van "automatisch denken". Het spreekt voor zich dat jouw handelen hier onder lijdt. Vaak volstaat het echter één parameter te veranderen om deze lus van automatisch denken te doorbreken. De meeste van onze irrationele gedachten zitten ingekapseld in ons eigen waardensysteem. We zijn er onszelf niet altijd bewust van wie ons met deze nefaste denkwijzen heeft opgezadeld: ouders, professoren, godsdienst, professionele modellen...
Voorbeelden:
"Ik moet eerst aan de behoeften van de anderen voldoen vooraleer ik aan mezelf denk... " "Werken komt voor plezier maken... " "Als ik iets degelijks wil, moet ik het zelf doen..."

We zien de wereld zoals we geconditioneerd zijn om hem te zien. Zoals het prisma dat de werkelijkheid vervormt. Ons voorstellingsvermogen brengt ons vaak op "automatische gedachten" waardoor we onze objectiviteit en onze kritische geest verliezen.
Mieke is voortdurend overbelast, maar ze weigert nooit om er op de laatste minuut nog een taak bij te nemen! Peter maant zijn vrouw aan om voorzichtig te rijden, maar rijdt zelf veel te hard en zonder gordel.

Presteren onder druk
Het heeft ons persoonlijk altijd geïntrigeerd waarom sommige mensen onder druk beter presteren, terwijl anderen er dan juist helemaal niets meer van terechtbrengen.Er zijn blijkbaar vele barrières waardoor mensen hun beste niveau (interne positieve staat) niet bereiken wanneer ze gestresst zijn.

Algemeen gekend zijn:
- **angst** om een slechte prestatie te leveren en anderen te ontgoochelen;.
- **concentratieverlies**: stress maakt sommige mensen chaotisch;
- **gebrek** aan **vastberadenheid**: "Pff, niet erg als het niet lukt…";
- **woede** wanneer iets niet gaat zoals je het wenst;
- **gebrek** aan **zelfvertrouwen**: "Ik kan het toch niet…";
- **overdreven perfectionisme**: "Ik mag hier nu geen fout maken…".

Enkele weken geleden was er een reportage op televisie waar mensen met een prothese de Mount Everest bedwongen. Fenomenaal!!! Wat zouden zij gedacht hebben toen zij ontwaakten uit narcose en voor het eerst geconfronteerd werden met hun handicap?! Dat ze ooit bergen zouden beklimmen??? Meer dan waarschijnlijk niet! Blijkbaar slagen zij na verloop van tijd en veel trainingsuren erin deze handicap te vergeten. Meer nog, zaken te doen waar mensen zonder handicap nog niet eens aan denken. ***De kracht van onze geest is zo ontzettend groot!***

Een eerste stap om onze mentale barrières te overwinnen bestaat erin alles in het juiste perspectief te plaatsen.

"YOU GET WHAT YOU EXPECT TO GET..."

H0030410

1.1. In het juiste perspectief plaatsen

Om uit de impasse te raken en automatisch denken te deblokkeren, moeten we "de spot leren verplaatsen", dat wil zeggen de kijk op de situatie veranderen. *"De mens wordt in verwarring gebracht, niet zozeer door de gebeurtenissen zelf, maar door de wijze waarop hij ze waarneemt"*, schreef Epictetus. Door onze kijk op de gebeurtenis te veranderen, krijgen we een eerste vorm van controle over de situatie. Wat we als een bedreiging aanvoelen, kan een uitdaging en een groeikans op alle niveaus worden.

Een ander manier van bekijken, betekent uit het kader treden.
Indien een bepaalde benadering niet lukt, probeer een andere.
Bijvoorbeeld: je ziet dat een medewerker de uitleg die je hem geeft, niet begrijpt. Als je dezelfde argumentatie aanhoudt, zal je steeds luider gaan praten, zonder de spot te verplaatsen. Je duwt hem enkel wat meer in dezelfde richting.

Mentale valkuilen zijn hardnekkig: "Grote jongens wenen niet!". Deze zin die sinds mensenheugenis meegaat en nog steeds gebruikt wordt, berust op geen enkele logische filter. De omgeving verandert, maar onze automatische gedachten blijven statisch. We blijven gevangen in deze vooropgezette ideeën.

Wie soepel is van geest zal de spot makkelijk verplaatsen. Hij belicht het probleem vanuit alle ooghoeken om zijn waarnemingen te verscherpen. Anderen hebben een wat verroeste spot en zijn mentaal weinig flexibel. Deze mentale stramheid is typisch voor mensen die niet van standpunt kunnen veranderen. Ze hebben een onwrikbare mening en houding. Ze staan niet open voor de argumenten van anderen. Hun gebrek aan flexibiliteit maakt het hun onmogelijk om zich in de plaats van de anderen te stellen.

1.1.1. De barrière van overtuigingen

We zijn er onszelf niet van bewust, maar bij elke conversatie ventileren wij (gewild of ongewild) de ene overtuiging na de andere. Tijdens ons leven nemen wij continu overtuigingen over van andere mensen en observeren daarmee het leven.

Overtuigingen zijn subjectief en zeer verschillend. Wij nemen ze over van interessante mensen, op momenten die ons raken, of omdat de collectieve omgeving ze algemeen aanvaardt.

Zolang er geen externe zaken je er op wijzen dat je overtuigingen niet waar zijn, blijf je ze behouden (ook al werken ze tegen jou). Sommige mensen gaan zover dat ze hun (foute) gedrag gaan goedspreken op basis van hun overtuigingen! (cognitieve dissonantie). Denk even na over volgende vragen: "*Welke overtuigingen bepalen* **jouw** *leven? Welke invloed hebben ze op jou?*"

Overtuigingen zorgen vaak voor stress. Ze hebben een grote invloed op ons zelfbeeld en op ons wereldbeeld. Ze bepalen onze visie, en dus ook onze veerkracht. We krijgen er een heel aantal mee in onze opvoeding en tijdens onze adolescentie. Beperkte, starre overtuigingen maken van ons een weinig flexibel wezen dat ongetwijfeld stressgevoelig is. Flexibele, positieve overtuigingen zorgen voor het omgekeerde.

Daarom loont het de moeite jouw overtuigingen eens onder de loep te nemen. We kunnen ons hierbij twee vragen stellen:
- welke overtuiging bezorgt mij stress?
- welke ontbreekt opdat ik stressbestendiger zou zijn?

1.1.2. Verlaat jouw mentale gevangenissen

Vrijdagmorgen, 07.15 uur. Kristof en Reynaud staan ten gevolge van een zware kettingbotsing vast in een monsterfile, elk in zijn wagen. Zij zijn topverkopers van een groot farmaceutisch bedrijf. Zij zijn beiden onderweg naar een uiterst belangrijke klant waar ze om 08.30 uur worden verwacht. Op de radio wordt vermeld dat het nog wel een uur kan duren voor de brokstukken geruimd zullen zijn.

Kristof wordt met de minuut zenuwachtiger. Volg even zijn inwendige dialoog: "Verdorie, 't is toch weer typisch, hé. Juist vandaag vinden die stommelingen het nodig om een kettingbotsing te doen. Leer eens rijden, sukkelaars.
Dju, dju ,ik heb toch ook nooit eens geluk, hé! Juist vandaag… Bij die klant moet ik al nooit meer binnenkomen…
Oh, en mijn omzet dan… Ik ga mijn omzet niet halen dit jaar! Verdorie, geen bonussen met Kerstmis. Dan kan ik die skireis vergeten! Over mijn lijk … Dat laat ik niet gebeuren: ik neem de pechstrook… Zou ik dat wel doen? Is er politie?" Na wat wikken en wegen neemt Kristof de pechstrook. 500 m verder wordt hij tegengehouden door de zwaantjes (bereden politie). Zware overtreding: obstructie van de pechstrook die zeker bij zo'n zwaar ongeval absoluut vrij moet blijven voor de hulpdiensten. Hij mag zijn rijbewijs onmiddellijk voor twee weken inleveren, en met de taxi naar huis…

Reynaud is rustig van natuur. Op het werk staat hij bekend als een flexibel man met een groot gevoel voor humor. Hij is zowat het 'luisterende oor van de afdeling'. Wanneer mensen ergens geen blijf mee weten, gaan ze vaak even met Reynaud praten. Die weet er altijd wel een goede draai aan te geven... Volg even zijn inwendige dialoog: "Ja wat, dat ziet er niet goed uit. Hopelijk zijn er geen doden gevallen. Het ziet er in ieder geval naar uit dat ik om 08.30 uur niet bij mijn klant geraak. Even kijken, hoe maken we hier nog het beste van? Waar heb ik nog controle over? Ik heb hier het telefoonnummer van het bedrijf. Van zodra de secretaresse van mijn klant binnen is ga ik even overleggen welke mogelijkheden er nog zijn. Zij zullen toch ook wel naar de radio luisteren... Ik heb mezelf niets te verwijten. Ik ben zelfs een half uur vroeger vertrokken dan gewoonlijk. Dit is een geval van overmacht..." Om 08.05u krijgt hij de secretaresse te aan de lijn. Ondertussen is hij stapvoets op één rijstrook gevorderd tot ongeveer 200 m voor de plaats van het ongeluk. "Ik kan bij u zijn tegen 09.15u. Ik zal mijn presentatie inkorten, zodat het tijdsschema van uw baas niet in gedrang komt..." Reynaud herschikt zijn presentatie, bundelt zijn verkoopsargumenten en verkoopt uiteindelijk even goed als gewoonlijk.

Pikant detail: de klant was zelf nog maar net binnen. Ook hij had vastgestaan in dezelfde file.

Dergelijke situaties zijn een uitstekende kans om jezelf mentaal te trainen. In plaats van jezelf druk te maken kan je de spot hier leren verplaatsen om de negatieve belichting van de irrationele gedachten te doen verdwijnen. Je kan van de gelegenheid profiteren om een kennis op te bellen, een vergadering voor te bereiden of jezelf wat te ontspannen door naar muziek te luisteren. Flexibiliteit is een gouden deugd. Grijp elke kans om jezelf te trainen.

In de sport interesseren de voetbaltrainers zich voor de basketbalsport om hun coachtechnieken te verbeteren. In de bedrijfswereld bijvoorbeeld zou men de arbeiders eens mee kunnen nemen naar de leveranciers om de machines ter plaatse te testen. Stuur productontwikkelaars naar de klanten om hun specifieke behoeften te leren kennen. Neem de verdelers mee in de vrachtwagens om de problematiek van de chauffeurs beter te leren kennen. In je gezinsleven zeg je tegen de kinderen: "*Papa en mama zijn moe. Vrijdagavond maken jullie eens het eten klaar; jullie doen de boodschappen en koken*".

Om te ontsnappen aan de automatische gedachte die je zou beletten om deze hypothesen te overwegen of deze woorden uit te spreken, stel je jezelf de volgende vragen:

- Blaas ik niet één detail op dat de realiteit in haar geheel vervormt?
- Ben ik niet bezig van een mug een olifant te maken?
- Wat is het gevolg als datgene zich voordoet wat ik vreesde?
- Is het echt zo erg als ik denk?

De heroriëntering van je realiteitsbeleving vervormt de realiteit niet, maar benadert ze vanuit een andere invalshoek.

1.1.3. *Wat de rups "het einde van het leven" noemt, noemt de wijze "vlinder"...*

Akkoord, het leven is vaak een opeenhoping van spanningen waar we weinig vat op lijken te hebben. Het enige wat we wel kunnen doen is de manier veranderen waarop we de evenementen bekijken, en zo proberen de effecten van stress te verminderen. Probeer een flexibiliteit van geest te bewaren die u in staat stelt zoals een goede cameraman rond de situatie te blijven draaien, en een ander licht op de zaak te werpen. Naargelang uw interpretatie van een welbepaalde situatie zal een bepaalde bron van spanning als een stimulus werken dan wel eerder als een rem. Verplaats de spot. Houd het hoofd koel. Soepel van geest zijn is onmisbaar om de gebeurtenissen efficiënt te filteren en te relativeren.

Het nu volgende (vertaalde) citaat van Alfred Souza illustreert dat aspect uitstekend. Het is gekend, maar ik laat je het met alle plezier (her)ontdekken:

"Gedurende lange tijd had ik de indruk dat mijn leven ging beginnen, 't is te zeggen 'het echte leven'... Maar altijd waren er obstakels op de weg: een te vervullen taak, een af te maken opdracht, te weinig beschikbare tijd, een af te betalen hypotheek of schuld. Ik heb nu eindelijk begrepen dat precies deze obstakels het leven zijn. Dit perspectief heeft me helpen inzien dat er geen weg naar het geluk bestaat. Het geluk is de weg.

Vandaar, geniet van elk moment. Apprecieer en geniet van elk moment, zeker wanneer je het doorbrengt met iemand speciaal, speciaal genoeg om er je tijd mee door te brengen. En onthoud dat de tijd op niemand wacht…
Houd van elkaar alsof je nooit gekwetst geweest bent.
Dans alsof niemand naar je kijkt.
Stop ermee je te ergeren om 3 kilo's erbij, of 3 eraf; wacht niet langer om te trouwen, om te beginnen werken, om iets te doen waar je al heel lang zin in

hebt, een nieuwe auto te kopen…, vooraleer je beslist hebt dat er geen beter moment is om gelukkig te zijn dan NU.

We maken onszelf wijs dat ons leven volmaakt zal zijn als onze partner zichzelf weer in de hand zal hebben, als we vakantie kunnen nemen, als we meer tijd voor onszelf zullen hebben …
De waarheid is dat er geen beter moment bestaat om gelukkig te zijn dan nu. Wanneer anders???
Geluk is een reis, geen bestemming…

1.1.4. Praktische uitwerking: hoe onze mentale pollutie overwinnen?

De drie beste tools:
- Installeer een mentale firewall (rationeel denken)
- Beveilig je gedachten tegen hackers (positieve self-talk)
- Plaats een emotionele branddeur (de alles dovende vraag)

Tool n°1: De mentale firewall: rationeel denken
We hebben het er al regelmatig over gehad, maar wat is dat nu eigenlijk, "rationeel denken" ? Wanneer drie van de vijf volgende regels van toepassing zijn op een gedachte, is onze manier van denken overwegend rationeel:
- Ze is objectief: de cameracontrole komt overeen met waarneembare feiten.
- Ze leidt tot de gevoelsstemming die ik wens.
- Ze vermijdt nutteloze en ongewenste problemen.
- Ze beschermt mijn leven en gezondheid.
- Ze helpt sneller en efficiënter mijn doelen bereiken.

Eenvoudig gesteld: rationeel denken leidt tot handelingen die jouw situatie verbeteren (indien dat mogelijk is), of je helpen om de situatie te aanvaarden (indien je die niet veranderen kan). Het komt er dus op aan irrationele gedachten te leren ontdekken, en ze te leren vervangen door rationele!!! Hiervoor moeten we eerst een inzicht krijgen in de manier waarop onze gedachten tot stand komen.
"Ik kan er toch ook niet aan doen dat ik me slecht voel…"
"Ik heb ook nooit geluk…"
"Ik mag hier geen fout maken, want anders…"
"Oh jongen toch, jij kan dat toch niet aan… Ga toch naar huis…"
Maar al te vaak denken we dat we er niets aan kunnen doen dat we ons slecht voelen. Het zijn altijd externe factoren die onze gevoelens bepalen: de 'baas' die verkeerde beslissingen neemt, de collega die waardeloos is, de manager die niets van 'de juiste aanpak' begrepen heeft…

Met het nu volgende voorbeeld willen we aantonen dat dit helemaal niet het geval hoeft te zijn: het zijn niet de externe gebeurtenissen die jouw gedachten en gevoelens negatief beïnvloeden, je bent er zelf verantwoordelijk voor!

Stel je even voor dat je de voorbije dagen (en ook in je vrije tijd) hard gewerkt hebt aan een belangrijke presentatie die je vandaag moet houden voor heel het bedrijf. Nog voor je aan het einde bent gekomen van de presentatie heeft jouw afdelingshoofd je onderbroken op een irritante manier. Een koude douche natuurlijk. Maar hoe komt het dat de ene hier dagen 'ziek' van zal zijn (zijn emotionele batterijen staan dagen in het rood met alle gevolgen van dien...), terwijl de andere er vrij rustig onder blijft??? Dat de ene agressief reageert, terwijl de andere dit oplost met wat humor? Het verschil zit in de inwendige 'verwerking' van deze aanslag op uw emotionele batterijen. Akkoord, iedereen - zelfs de koelste kikker - zal er van onder de indruk zijn (we blijven allemaal menselijk...), maar **de mate waarin** kan enorm verschillen.

Het hangt gewoon af van de manier waarop je deze gebeurtenis innerlijk verwerkt.De eerste heeft misschien als volgt gereageerd: "Help, dit is een ramp. Ik ben een dikke nul..." "Nu kan ik helemaal fluiten naar mijn promotie...". Deze persoon zal zich natuurlijk rot voelen. De andere heeft de situatie waarschijnlijk inwendig anders verwerkt, en met zijn camera naar een andere invalshoek gezocht waarbij hij/zij minder erg gekwetst wordt: "Tja, er zal wel een reden voor zijn zeker, dat hij mij zo afbreekt... Wanneer hij afgekoeld is, zal ik hem even om uitleg vragen...". Deze persoon relativeert de verschrikkelijke gebeurtenis door er even afstand van te nemen. Een derde gebruikt humor: "Amai, welke mug heeft hem gestoken deze morgen?!"

Wanneer er iets gebeurt heb jij zelf de keuze hoe jij er over denkt: je kan het verschrikkelijk vinden of helemaal niet erg, je kan het als een onoverkomelijk iets beschouwen of als een extra uitdaging.
Jij bepaalt dus zelf de emoties die op die gebeurtenis volgen
Vandaar het belang van rationele oordelen over gebeurtenissen: indien we in alle omstandigheden in staat blijven een rationeel oordeel te maken over een gebeurtenis, zullen we onze emoties steeds beheersen.

Daarom, indien onze inwendige beoordeling van een bepaalde gebeurtenis niet leidt tot het gewenste gedrag, moeten we deze simpelweg aanpassen! Stel uw inwendige beoordeling continu in vraag:

- "Zijn deze gedachten waar en realistisch?"
- "Helpen zij mij om mijn doel te bereiken?"
- "Helpen zij mij om ongewenste gevoelens te voorkomen?"

Nog een voorbeeld moge dit duidelijk maken:
Je maakt een ongelukkige interventie tijdens een vergadering waarbij iedereen in de lach schiet... Je ziet de anderen lachen en de inwendige interpretatie starten... "Hoe kan ik nu zo'n domme opmerking maken. Iedereen lacht mij uit. Ik moet er nu voor zorgen dat ik zo snel mogelijk een 'slimme' opmerking maak, want anders..."

Dit is één mogelijke inwendige verwerking. Maar wel één die jou slecht zal doen voelen en onzeker wanneer je de volgende keer iets wilt opmerken... Stel jezelf in vraag. Wat is mijn doel? Helpen deze gedachten mij om dat doel te bereiken? *"Neen, het is toch mijn doel om creatief opmerkingen te blijven maken wanneer ik ergens een mening over heb..."* (zonder schrik te moeten hebben om af en toe de bal eens mis te slaan...). "Deze gedachten helpen mij zeker niet om betere interventies te maken!" Het is hier overduidelijk dat je jouw inwendig oordeel zelf moet aanpassen.
Heb je een suggestie?

Tool n°2: Beveilig je gedachten tegen hackers: positieve self-talk
We kennen ze allemaal, die stemmetjes in onszelf die meestal opkomen wanneer het een beetje minder goed gaat... "Idioot, hoe kon je nu zo'n fout maken?" "Wat zal iedereen niet van me denken indien ik hier.. ?"

Het probleem met deze inwendige stemmetjes is dat ze meestal negatief getint zijn, en ons denken (en dus ook onze gevoelens) negatief beïnvloeden. Negatieve inwendige zinnetjes en/of verkeerde oordelen over externe gebeurtenissen zijn de (twee) dooddoeners van mentale rust en sterkte...

Hoe negatieve self-talk tegengaan?
Excuseer: ik ga deze titel even opnieuw formuleren:

Hoe positieve self-talk verkrijgen?
Bewustwording: De eerste stap in de goede richting is het zich bewust worden van die inwendige stemmetjes. Let er eens op de eerstvolgende keer ze weer eens opduiken ... Wanneer alles goed gaat, ben je meestal alleen met je opdracht bezig. Wanneer het daarentegen tegenzit, zal de criticaster bijna steeds voluit zijn gang gaan...

Kritische Analyse: Onderzoek of jouw innerlijke stemmetjes weer de criticaster uithangen: "Sjonge, wat ben jij toch traag van begrip...", of "Nu geen fouten maken?" "Ik moet het zelf doen, want anders...", "Ik mag niet falen hier,...".

Vervang de criticaster door productieve (positieve) self-talk.
Zeg "STOP" (in jezelf) tegen jezelf , liefst gecombineerd met een trigger: in je vingers knijpen, op je tong bijten ...Eventueel in combinatie met buikademhaling of een andere relaxatietechniek. Vervang de negatieve self-talk door productieve self-talk en taakrelevante aansporingen...

Voorbeelden:
"Ik kan niet werken in zo'n hitte..." > **Stop + Relaxatie** > "De hitte geldt voor iedereen: het vraagt gewoon wat extra concentratie..."
"Ik zal het nooit leren..." > **Stop + Relaxatie** > "Ik weet wat ik verkeerd deed: laat ons dat nu eens corrigeren..."

Het is gewoon van groot belang om voldoende aandacht te geven aan de innerlijk stemmetjes, en de vaak nefaste invloed ervan te beseffen. Eens je de controle over je innerlijke stem verkregen hebt, zal je verbaasd staan van de vooruitgang die je boekt. Dit geldt voor heel je manier van leven en je manier van communiceren... Het loont hier zeker de moeite om de innerlijke stem bij je beste en slechtste prestatie eens neer te schrijven (in zoverre je jezelf dat nog kan herinneren natuurlijk). Je zal weer verbaasd staan van het markante verschil tussen beide stemmetjes!

De kwaliteiten van positieve gedachten

- Zijn gefocussed op het heden: Een productieve gedachte houdt de focus op taakrelevante factoren en op de actie.
  Vb.: "Elke uitdaging is een nieuwe uitdaging: ik focus op mijn plan: ik weet perfect hoe ik het zal aanpakken..."
- Zijn performantie gericht: Ik doe zo goed mogelijk mijn best, dan volgt het resultaat hopelijk wel.
  " Ik kan niet controleren hoe ver ik zal geraken in dit bedrijf. Al wat ik kan controleren is mijn inzet tijdens elke werkdag. Ik zal me elke dag opnieuw concentreren op mijn performantiedoelen binnen dit bedrijf, en dan zien we wel waar ik uitkom."
- Zoeken oplossingen: Zodra je jouw selftalk beheerst, staat er jou niets meer in de weg om een grote vooruitgang te boeken. Je hoeft je vanaf nu alleen nog maar te concentreren op het zoeken naar oplossingen voor eventuele problemen tijdens concrete situaties, terwijl de energie van de

meeste van je concurrenten nog altijd gaat naar het bestrijden van hun negatieve selftalk en hun innerlijke strijd om positief te proberen blijven...

- Zijn eeuwige optimist: een kenmerk van topatleten is dat ze een bijna onmogelijke opdracht als een kans beschouwen in plaats van een rampzalige loting... Deze ingesteldheid zorgt ervoor dat je positief kan blijven in moeilijke situaties waar anderen pessimistisch worden, en laat je toe om ondanks tegenslagen toch uit de meest moeilijke situaties te kruipen. *Olympische spelen, competitie boogschieten: er staat toevallig een onmogelijke wind... Eén van de boogschutters zegt (als enige): "Ik hou ervan om in deze weersomstandigheden te schieten, want ik weet dat 50% van de deelnemers al op voorhand opgegeven heeft... Ik heb trouwens tijdens mijn voorbereiding zoveel mogelijk geoefend wanneer er veel wind was: dan is het zo veel makkelijker wanneer er geen wind is..."*

Mensen worden niet met zo'n instelling geboren! Zij trainen hierop.

Tool n°3: Plaats een emotionele branddeur: de uitdovende vraag
In situaties van grote spanning, emotionele vloedgolf en mentale verwarring heb je heel krachtige instrumenten nodig om jouw objectiviteit en helder redenerings-vermogen te bewaren. Tal van negatieve en niet rationele stemmetjes komen dan in jezelf op. Zij doen jou panikeren: je verliest het noorden. Eén van de meest efficiënte instrumenten op zo'n extreme momenten is "de vraag die stress onmiddellijk uitdooft". Deze vraag werkt als een antivirus dat de irrationale gedachten geen kans geeft om jou gek te draaien en anderzijds jouw gedachten helder en doeltreffend houdt.
Voorbeeld: tijdens een tenniswedstrijd is de stand 3-6, 2-5, 15-40, 2 matchballen tegen jou. Om de negatieve ideeën die je geest overspoelen tegen te gaan, is de enige uitdovende vraag hier (die topsporters maar al te goed kennen): "Wat doe ik DIT PUNT ?" Geen "Wat als...?". Eerst dit punt, zonder verder te denken! Door punt per punt te spelen, zonder zich iets aan te trekken van de verloren sets en de komende sets die ze nog kunnen winnen, hebben heel wat spelers zich uit hun hachelijke situatie weten te redden.

Wat is de fysiologische verklaring voor de efficiëntie van de uitdovende vraag?
DOELSTELLING: de mentale valkuilen van jouw overtuigingen en interpretaties van je afzetten, en jou afschermen van het emotionele vuur dat de dingen overdrijft en je doet panikeren
STEUNPUNT: de filter van doelstellingen en waarden die je in de vorige etappe van de "mentale versterking" geïdentificeerd hebt. Connecteer met jouw krachtige en prioritaire waarden.

TECHNIEK: de ondervraging. De uitdovende vraag is in feite een vraag die je stelt aan iemand of aan jezelf als er niemand anders is. Ze rationaliseert de gebeurtenis via drie opeenvolgende filters:

1. Terugkeren naar de **realiteit**: Concentreer jezelf op de werkelijke feiten: waarover heb ik nog controle?
2. Naar de **essentie** gaan: Wat telt echt? Wat staat er op het spel? Identificeer de Mega-Giga Pareto van de situatie en neem deze op in de formulering.
3. In het **heden** blijven: geen projectie in de toekomst. Blijf bij het huidige moment, het eerstvolgende ogenblik.

Welke uitdovende vraag zou je kunnen stellen in de twee volgende situaties om het emotionele vuur en de irrationale gedachten in te dijken?

- Een dokter belt je om te zeggen dat je kind een ongeval gehad heeft.
- Een bericht van de directie kondigt een nakende fusie aan waardoor een aantal mensen op een zijspoor gezet zullen worden. Er is een complete informatiestop: onmogelijk om meer informatie te verkrijgen.

Situatie 1: De uitdovende vraag moet aan de dokter gesteld worden.
Situatie 2: Omdat je hier geen aanspreekpunt hebt, moet je de vraag aan jezelf stellen.

Mogelijke oplossingen vind je op het einde van dit hoofdstuk.

1.2. *Positieve zelfaffirmatie*

In het eerste deel van dit hoofdstuk hebben we het uitvoerig gehad over onze manier van denken. In dit tweede deel willen we het hebben over de manier waarop we onze gedachten onder woorden brengen.

Als we de spot toch verplaatsen, kunnen we hem even goed aan de positieve kant van de dingen zetten. We zouden allemaal dynamische, positieve en ondernemende medewerkers willen hebben. We omringen ons graag met energieboosters in plaats van energievreters… We willen liever een omgeving die met oplossingen dan met problemen komt aandragen. Is het glas half leeg of half vol?

Steek je energie in oplossingen, niet in problemen.

Fysiologisch wordt onze reactie op een stimulans vanuit onze interne of externe omgeving gelanceerd in 3 opeenvolgende etappes:

1. *Mentaal:* visualisatie van de gelezen of gehoorde woorden;

2. *Mentaal + Emotioneel:* dialoog met jezelf ("self-talk"), automatisch inwendig discours;
3. *Fysiek:* (re)actie = gedraging of verwoording.

Het inwendige milieu is de manier waarop je de zaken beleeft en door de filter van je persoonlijke prisma's laat passeren. De menselijke geest visualiseert eerst de gelezen of gehoorde woorden. Een positieve perceptie van een woord, een zin of een gebeurtenis zal leiden tot een positief gedrag.

Een eenvoudig en praktisch middeltje om de balans van jouw positieve en negatieve percepties positief te evalueren, bestaat erin jouw schriftelijke mededelingen te herlezen. Ga na welke negatieve geschreven woordkeuzes je kan omzetten in een positieve versie.

Voorbeeld: "*Ik zie niet in waarom ik geen vertrouwen zou schenken aan* ..." is een duidelijk voorbeeld van een "motivatie bij verstek" van een verantwoordelijke die op zijn hoede is. Bovendien zal ze weinig enthousiasme en zelfvertrouwen opwekken bij de bestemmeling. Formuleer je zin eerder als volgt: *"Om die reden schenk ik al mijn vertrouwen aan ... "*.

Jezelf herlezen is een uitstekende eerste etappe in de bewustwording van je inwendige gemoedstoestand. In je communicatie moet je letten op de dynamiek van je formuleringen.

Praat over hetgeen je wilt zien gebeuren
in plaats van uit te drukken wat je vreest te zien gebeuren!

Geef water aan bloemen, niet aan onkruid!

1.2.1. De positieve taal van de 'coach'

Als je ervoor zorgt dat een woord, een zin of een gebeurtenis eerder positief opgevat wordt, mag je evenredige acties en gedragingen verwachten.
Zo heeft de Neurolinguïstische Programmering (NLP) een aantal interventiemodellen uitgewerkt die de trainers onmiddellijk zijn gaan uittesten in het grote proeflabo van de sport. Het is de "taal van de coach" geworden waarmee ze hun woorden kracht bijzetten en positief gedrag aanmoedigen.

Stel dat jouw kind voetbalt: door welk van volgende twee coachen wil je dat hij/zij getraind wordt? Luister eerst even naar hun inwendige dialoog.

Na de eerste helft van een voetbalmatch hoor je coach Michel aan zijn spelers zeggen: *"Ik zie dat de mandekking te veel verwaarloosd wordt; ik wil niet dat de verdediging nog mee naar voor gaat en te veel vertrouwt op lange ballen naar voor. De balbezitter staat altijd alleen en weet niet naar wie hij de bal kan passeren. Iedereen verstopt zich! Komaan jongens, laat het hoofd niet hangen. We geven ons nog niet gewonnen!"*.

In de andere kleedkamer geeft coach Ivo van de andere ploeg ook zijn adviezen: "*De libero moet meer dekking geven en de verdedigers moeten dichter bij hun man blijven. Bouw het spel op met korte passen om de bal in bezit te houden. Bied je aan en nader de balbezitter zoveel mogelijk om hem een doorspeelmogelijkheid te geven. Kop op jongens. We zullen ze eens laten zien wat we kunnen!"*.

Deze uitdrukkingen heb je wellicht al vaker gehoord aan de rand van het sportterrein. In beide toespraken worden dezelfde thema's aangeboord, maar met een totaal andere benadering en woordkeuze. Je merkt dat de tweede toespraak heel positief verwoord is, aanzet tot actie en zoekt naar oplossingen, waardoor ze veel krachtiger overkomt dan de eerste die negatief is en eerder focust "op de problemen". Het is onrustwekkend dat heel wat lezers het eerste betoog elke week lezen of horen op het sportterrein waar hun kinderen in actie zijn, zonder dat dit hen echt shockeert.

1.2.2. Positieve contaminatie

Het is niet zo evident om :
- negatieve filters te veranderen en van " iets vermijden" over te schakelen op "iets verkrijgen";
- meer efficiëntie te verkrijgen in plaats van inefficiëntie te vermijden;
- een meer ontspannen houding te verkrijgen in plaats van stress te vermijden;
- een betere gezondheid te verkrijgen in plaats te vermijden van ziek te worden;
- meer transparantie te verkrijgen in plaats van een slechte communicatie te vermijden; enz.

Om positiever te leren denken moet je eerst halt houden bij het *positief schrijven*. Je hebt het zelf gemerkt: de wijze waarop je de dingen uitdrukt, in woord of geschrift, zegt veel over de wijze waarop je ze zelf waargenomen hebt.

In een eerste fase is het veel makkelijker om jezelf schriftelijk beter te leren uitdrukken want je hebt de tijd om afstand te nemen en te herlezen. Wanneer je dit schriftelijk correctiewerk een tijdje volhoudt, zal je onvermijdelijk ook je verbale woordkeuze tijdens een rechtstreekse spontane discussie gaan veranderen, hetgeen eigenlijk veel moeilijker is. Wees niet ongeduldig: de mentale gymnastiek van het geschrevene zal het automatisme van jouw gedachtegang steeds meer beïnvloeden waardoor je jezelf verbaal beter leert uitdrukken.

Zorg ervoor dat je gesprekspartner je gesprek of document positief opvat en stimuleer zo het soort gedrag dat je van hem verwacht. Vermijd negatieve zinswendingen zoals: *"Vergeet niet dat … , Aarzel niet om …, Kan je niet … " "Zou je niet… ".*

Stel je zinnen en vragen positief: *"Denk eraan dat je… " "Bedankt dat je … " "Bel mij voor … " "Kan je … ".*

Een positieve woordkeuze zal je gesprekspartner er enerzijds makkelijker toe brengen om *die gunstige opvatting* te verkrijgen die je hem over de situatie wilt geven. En anderzijds ook tot *die concrete fysieke actie* die je van hem verwacht. Gebruik het gewicht van woorden om het virus van de actie over te brengen. Dat is positieve contaminatie!

1.3. Praktische oefeningen

Je zult vast wel een aantal klassieke en spontane uitdrukkingen herkennen in de nu volgende zinnen. Misschien gebruik je er wel enkele van in je mondelinge of schriftelijke communicatie. Geef elk van hen een positieve wending zodat jouw gesprekspartner ze positief inziet en zijn/haar gedrag naar actie neigt.

Druk positief uit:
- "Als je dat niet stoort …";
- "Als je het niet erg vindt ...";
- "Jouw verslag is niet slecht maar …";
- "Jou kennende, twijfel ik er niet aan dat …".

Push je gesprekspartner tot actie:
- "Het is een slechte gewoonte om niet te ontbijten."
- "Kijk niet naar mij, ik kom gewoon even langs."
- "Maak je niet zenuwachtig en laat dat staal niet vallen."
- "Hallo, haak niet in!"
- "Wees niet zo naïef en leer "nee" zeggen."

Maak de oefening spontaan. Op het einde van het hoofdstuk vind je enkele oplossingen.

1.4. Tekst voor mentale versoepeling

Om het belangrijke luik over de mentale "weerstand" af te ronden, lees even volgende tekst.. Op een seminarie heeft een deelnemer me dit verhaal laten lezen dat onze thema's perfect illustreert. Misschien ken je het verhaal, maar het blijft in elk geval hangen. Als ik voel dat mijn geest verstramt, herlees ik het even om mijn mentale soepelheid te behouden.

Brief van een zoon in de eerste kandidatuur aan zijn ouders

Beste mama en papa,

Ik zit nu al drie maanden op de universiteit.
Ik weet dat het lang geduurd heeft voor ik jullie een briefje schreef en het spijt me dat ik jullie zo lang heb laten wachten.
Nu zal ik jullie alles vertellen. Maar voorleer jullie verder lezen, ga dan eerst zitten. Ga niet verder zolang je niet zit, OK?

Het gaat nu vrij goed met mij. De schedelbreuk en -letsels die ik opgelopen heb toen ik, kort na mijn aankomst, door het raam sprong omdat mijn kamer in brand stond, zijn bijna genezen. Ik moest slechts twee weken in het ziekenhuis blijven en mijn zicht is bijna terug normaal. Ik heb nu ook geen last meer van die afgrijselijke migraine die ik nu nog hoogstens één maal per week heb.
Het tofste is dat de brandweermannen nooit het peukje gevonden hebben van de joint die mijn kamer in lichterlaaie gezet heeft en het ganse gebouw vernield heeft, anders was ik misschien weggestuurd!

Gelukkig had de kassierster van de nachtwinkel aan de overkant alles gezien. Zij heeft de brandweer verwittigd en de ziekenwagen gebeld. Ze is me ook komen bezoeken in het ziekenhuis en omdat ik niet wist waar ik naar toe kon omdat mijn appartement volledig in de as gelegd was, was zij zo vriendelijk me bij haar te laten intrekken.
In feite is het niet meer dan een kamer in de kelderverdieping, maar wel heel leuk.

Ze is een fantastische vrouw, ze is wel twee maal zo oud als ik, maar we zijn dolverliefd op elkaar. We willen trouwen. We hebben nog geen datum gekozen, maar het zal in elk geval zijn vooraleer haar zwangerschap zich duidelijk laat zien. Wel ja, beste ouders, ik word binnenkort papa! Ik weet hoe jullie er naar uitzien om oma en opa te worden en ik ben er zeker van dat jullie de baby met alle liefde en tedere zorgen zullen omringen die ik als klein ventje ook heb gekregen.

Het enige dat ons huwelijk nog wat in de weg staat is de kleine infectie die mijn verloofde opgelopen heeft waardoor we niet de nodige analyses kunnen laten uitvoeren vooraleer we huwen. Ook ik heb ze stomweg overgenomen, maar met mijn dagelijkse inspuiting van penicilline zal ze snel verholpen zijn.

Ik weet dat jullie ons met open armen zullen ontvangen in de familie. Ze is heel aardig en zelfs al heeft ze niet veel gestudeerd, ze is heel ambitieus. Ze behoort wel niet tot dezelfde godsdienst als wij, maar ik weet hoe tolerant jullie in alles zijn. Ik ben er zeker van dat het voor jullie geen probleem vormt. Ik ben er van overtuigd dat jullie net zoveel van haar zullen houden als ik. Aangezien ze ongeveer jullie leeftijd heeft, ben ik zeker dat jullie het goed met elkaar zullen vinden.

Nu ik dit allemaal geschreven heb, wil ik er toch nog enkele zaken aan toevoegen:
er was geen brand in mijn appartement,
ik heb geen schedelbreuk of -letsels opgelopen,
ik heb niet in het ziekenhuis gelegen,
ik ben niet verloofd, ik heb geen syfilis
en er is geen oudere vrouw in mijn leven.
Ik heb wel een 1 voor fysica, een 3 voor wiskunde en een 4 voor bio.
Ik wou gewoon één en ander helpen relativeren.

Dikke kussen,

Je liefhebbende zoon.

De Pareto

Zelfs al is het leven een bron van spanningen, je kan altijd de manier waarop je de gebeurtenissen waarneemt veranderen en zo de gevolgen van stress verhogen of verlagen.
Naargelang jouw inwendige verwerking van deze situaties zal druk als een stimulans of als een rem werken.
Dit inwendig verwerkingsproces heeft een invloed op jezelf, je medewerkers, je omgeving en op al jouw keuzes en acties.
Blijf soepel van geest zodat je regelmatig "de spot verplaatst" om het 'probleem' anders te belichten. Maak er een uitdaging van en los het op.
Zoek nuttige informatie die je tot een oplossing brengt en bedenk nieuwe strategieën die efficiënter zijn dan deze die je tot nu toe gebruikt hebt.
Gebruik een positieve woordkeuze om je gesprekspartner tot de gewenste actie aan te zetten.
Werk aan jouw persoonlijke automatische mentale valkuilen.
Bij hoogdringendheid, onder grote spanning helpt de "uitdovende vraag" om je geest te zuiveren en je helder beslissingsvermogen te bewaren.

De kernzin

Ik verplaats de spot om hem naar oplossingen te richten.

1.5. Voorstellen van oplossingen: praktische oefeningen

1.5.1. Oefening van de uitdovende vraag

Drie criteria die je voor ogen moet houden:
- Terugkeren naar de **realiteit**: waarover heb ik controle?
- Naar de **essentie** gaan: wat telt echt?
- In het **heden** blijven: wat doen op dit moment?

Een dokter belt je om te zeggen dat je kind een ongeluk gehad heeft. In deze situatie is het essentiële het "leven". Om dat essentiële antwoord dat je verwacht te krijgen, moet je de vraag durven stellen: "Is zijn/haar leven in gevaar?" Een vraag zoals: "Oei, hoe is het ermee?" brengt geen rust, want het antwoord zal zijn: "Niet goed..." Nu wordt je nog zenuwachtiger...

Een bericht van de directie kondigt een nakende fusie aan die meerdere personen op een zijspoor zal zetten. Er is een complete informatiestop: onmogelijk om meer informatie te verkrijgen. Je kan de vraag aan niemand stellen. Je moet ze aan jezelf stellen. Om de storm in jouw hersenen en je emoties in dat geval te bedwingen, moet je een gevoel van controle bewaren. Ondanks de situatie kan ik een controle over mijn leven behouden: "Heb ik zin om te blijven?", "Is dit een kans om te veranderen?".

1.5.2. Oefening van positieve verbale verwoording

Een positieve woordkeuze zal het gedrag van je gesprekspartner beter sturen naar de positieve mentale opvatting die je hem wilt geven en de concrete fysieke actie die je van hem verwacht.

Een positieve mentale opvatting teweegbrengen:
- Als je dat niet stoort ... > < Als je er mee akkoord gaat ...;
- Als je het niet erg vindt ... > < Met jouw akkoord ... (als je geen verdere opmerkingen meer hebt ...);
- Jouw verslag is niet slecht MAAR ... > < Jouw verslag is goed EN /Om je verslag nog te verbeteren ...;
- Jou kennende, twijfel ik er niet aan dat ... > < Ik ben er van overtuigd/zeker dat ....

Een positieve mentale reactie teweegbrengen + *de fysieke actie* die je van je gesprekspartner verwacht in de goede richting sturen:

- Het is een slechte gewoonte om niet te ontbijten ... > < Het is aangeraden om te ontbijten .../Ontbijten is belangrijk ... (NB: dubbel negatie = bevestiging!!!).
- Kijk niet naar mij, ik kom gewoon even langs... > < Ga verder ....
- Maak je niet zenuwachtig en laat dat staal niet vallen ... > < Blijf kalm en hou dat staal goed vast ....
- Hallo, haak niet in! > < Blijf aan de lijn / Gelieve eventjes te wachten/ Een ogenblikje a.u.b.

  Wees niet zo naïef en leer "**nee**" zeggen. > < Wees realistisch (slim) en **denk na vooraleer je "ja" zegt.**

2. Emotionele weerstand

Figuur 12: Uitlaatkleppen – rooster van de "3 R'en"

<table>
<tr><th></th><th>Cyclus van Reinforcement
Voor druk
De batterijen versterken</th><th>Cyclus van Resistance
Onder druk
Efficiënt blijven presteren</th><th>Cyclus van Recovery
Na druk
De batterijen heropladen</th></tr>
<tr><td>Mentaal</td><td>Prioriteiten stellen</td><td>In perspectief plaatsen
&
Zelf-affirmatie</td><td rowspan="3">Slaap
Voeding
Lichamelijke oefening
Humor
Ontspanning
Psychische noden
Sociale contacten</td></tr>
<tr><td>Emotioneel</td><td>Confrontatie met de werkelijkheid</td><td>Uitlaatkleppen</td></tr>
<tr><td>Fysiek</td><td>De fysiologische agenda & rituelen</td><td>Relaxatie-oefeningen</td></tr>
</table>

H0030639

We verlaten nu de "controletoren" van het mentale en dalen af naar de verdieping van het hart, het niveau van de gevoelens, de gemoedstoestand en de emoties. Emoties zijn goed noch slecht. Ze zijn er gewoon en als we ernaar weten te luisteren, maken ze het ons mogelijk om onze inwendige toestand beter te begrijpen.

Laat ons even een vergelijking met de sport maken. Wandel eens naast plaatsen waar mensen een competitiewedstrijd spelen… Nergens anders hoor je zoveel gevloek, zoveel zelfkritische opmerkingen, zoveel verschillende emotionele reacties!

- Sommige mensen zijn ontzettend zelfkritisch en worden dan ook snel negatief wanneer het wat minder goed gaat in een wedstrijd.
- Anderen zijn uiterlijk precies onbewogen ('ice-man, ice-woman'): wat er ook gebeurt, niets kan hen deren. Zij blijven knokken tot de laatste snik. Storende omstandigheden zijn als een extra uitdaging voor hen.
- Sommige mensen geven op vanaf het moment dat er zich een probleem voordoet: je ziet de controle over hun emoties zo verdwijnen en hun prestatieniveau dalen, alsof zij denken dat zij er zelf toch niets aan kunnen veranderen.

Je vindt dit vaak terug bij *resultaatgerichte* mensen: zij worden doorgaans zeer gespannen wanneer het close wordt. *Winnen* is het enige wat telt, en bij een eventueel verlies zoeken zij dan ook steeds excuses. Zij vervallen dan makkelijk in een soort van (door de jaren heen geleerde) hulpeloosheid: "Pff, ik kon er niets aan doen... Er was te veel lawaai om mij te kunnen concentreren..." Mensen die in staat zijn hun emoties onder controle te houden in moeilijke situaties bereiken doorgaans een veel hoger niveau. Bovendien beleven zij veel meer *plezier* aan uitdagende situaties: voor hen zijn dit geen 'problemen', maar uitdagingen! Emoties bepalen immers je prikkelniveau, en je prikkelniveau bepaalt je prestatieniveau. Eenieder van ons kan een bepaald niveau van emotionele stabiliteit bereiken –de inwendige positieve staat – waar negatieve emoties gewoon geen kans meer krijgen om ons te frustreren!

In het vorige hoofdstuk hebben we vaardigheden besproken waarmee we onze gedachten beter kunnen leren beheersen. Het belangrijkste wat we daar heb willen aantonen is dat je denken *én* de manier waarop je in jezelf spreekt (de 'innerlijke stemmetjes') een uiterst grote invloed hebben op jouw emoties: je voelt jezelf naargelang wat je denkt. Indien dat denken irrationeel is, zullen je emoties dat ook zijn, en omgekeerd ook natuurlijk.

2.1. Emotie of intuïtie

Het valt wel eens voor dat onze gevoelsreacties botsen met onze rationele visie op de situatie. We noemen deze gevoelsreacties meestal "kleine stemmetjes", indrukken, intuïtie. Zelden worden ze gevoel of emotie genoemd ook al gaat het vaak om subjectieve waarnemingen en niet om fysieke belevingen.

Ik moet een belangrijk project voor mijn afdeling voorstellen aan de directie. De financiële directeur heeft me verzekerd dat hij mij zal steunen. Toch ben ik er niet gerust in. Ik "voel" het niet. Zijn boodschap was duidelijk en positief, maar zijn blik en zijn stem waren ontwijkend. Ik beeld het me vast gewoon in. Mijn natuurlijk wantrouwen speelt me waarschijnlijk parten. Ik zoek het te ver. Wellicht omdat dit project mij nauw aan het hart ligt. En toch laat het me niet los: er is een tegenstelling tussen wat hij mij zegt en wat ik voel.

- **Attitude 1:** Vermits ik niets concreets heb om deze indruk te staven, zeg ik tegen mezelf dat mijn vrees ongegrond en subjectief is. Bij de voorstelling van mijn project gebeurt echter wat ik gevreesd had. Ik laat me van de wijs brengen door de tegenwerking van diegenen die me hadden moeten steunen. Ik ben van mijn stuk gebracht en mijn antwoorden zijn verward, ik verlies mijn kalmte, mijn zelfvertrouwen en uiteindelijk het project.

- **Attitude 2:** Ik vertrouw op mijn emoties en hou rekening met deze intuïtie. Ik bereid me voor op de mogelijkheid dat mijn intuïtie het juist voor had. Ik ben dus niet helemaal verrast wanneer de financiële directeur me tijdens de vergadering laat vallen. Ik blijf kalm en duidelijk, en leg extra argumenten op tafel die ik intuïtief had voorbereid.

Herken je bepaalde zaken? Vertrouwen in je intuïtie kan jou redden uit benarde situaties. Ook al zet jouw verstand je er meestal toe aan om ze te negeren. Pas als je een aantal positieve ervaringen op dit vlak opgedaan hebt, zal je vertrouwen leren hebben in deze boodschappen van het onderbewustzijn. Succesvolle zakenlieden kennen de kracht van intuïtie maar al te goed.

In de sport zijn de beste atleten heel gevoelig voor intuïtieve boodschappen. Intuïtie maakt vaak het verschil uit tussen top en subtop. Hij die zijn emotionele intelligentie niet gebruikt, verwaarloost een kostbaar deel van zijn potentiële kracht. En een kampioen moet het beste uit zijn drie batterijen halen, dus ook uit deze essentiële bron. Belevingen, gevoelens en emoties zijn de voornaamste vervoermiddelen die deze belangrijke informatie tot bij ons brengen.

2.1.1. Emotionele connectie

Een ploegbaas die zelf geen aandacht besteedt aan zijn eigen emoties, zal allicht ook niet opmerken wat er in het hoofd van zijn medewerkers omgaat. Hij is geneigd om hen eerder als instrumenten dan als menselijke wezens te beschouwen. Om zijn rol van leader of coach efficiënt te spelen moet hij, in functie van de situatie, zijn groep "aanvoelen". Hij moet zijn gevoeligheid ontwikkelen en zorgvuldig alle informatie die deze hem doorspeelt verzamelen.

Deze gevoelsdimensie is onmisbaar om intuïtief aan te voelen hoe ver hij kan gaan. Onmisbaar om de toekomstvisie efficiënt en op het goede moment te herhalen. Marc McCormack (eigenaar van IMG, verschillende grote sportmanifestaties in de USA en tal van eigen satellieten) beschrijft in zijn boek "What they don't teach at Harvard Business School" de essentiële toegevoegde waarde die intuïtie en mind-reading hem bijgebracht hebben in zijn toch wel succesvolle leven! Interessant om weten is dat hij zelf professor is aan deze gerenommeerde universiteit en dat het boek uiteindelijk verplichte literatuur werd voor alle studenten.

Door te leren luisteren naar de kostbare informatie uit zijn eigen emoties en die van zijn team creëert een goede leider een eigen informatiesysteem dat door geen enkele peiling of statistische analyse kan benaderd worden. Oh ja, hij moet een zware tol aan de ploeg betalen: hij moet bereid zijn om "werkelijk" in contact te staan met de mensen die hij (zogezegd) leidt; hij moet het 'risico' aanvaarden om zich "menselijk" en "gevoelig" te tonen.

Wanneer we dan de ongelooflijke moed gehad hebben om ons bloot te stellen, ontdekken we een vrij eenvoudig mechanisme dat we al snel "instinctief" zullen gebruiken. En de bevoorrechte gebruiker zal nooit meer een stap willen terugzetten... Hij zal zich zelfs afvragen waarom hij deze "emotionele stap" niet eerder gezet heeft.

2.1.2. *Jouw emoties uiten*

Indien je de moed hebt om je gevoelens of behoeften te uiten, word je kalmer en zelfzekerder. Je hebt de inwendige druk van het emotionele signaal uit de weg geruimd. Voor jezelf uitkomen zonder de anderen te kwetsen is belangrijk. Jouw gesprekspartners zullen zich goed voelen in jouw gezelschap. Emoties verrijken menselijke relaties. De essentiële regel is dat je jouw persoonlijk "welzijn" veilig stelt, zonder de anderen te schaden.

Indien we onze verlangens of onze behoeften niet (durven of kunnen) uitdrukken, ontstaan frustraties:
- tegenover onszelf: We zijn kwaad op onszelf omdat we ons niet hebben durven uiten.
- tegenover de anderen: We zijn kwaad op hen omdat ze onze behoeften en verwachtingen niet geraden hebben.

Hier ontstaat vaak een vicieuze cirkel. Deze frustraties zullen je vanaf dan beletten om jezelf duidelijk uit te drukken en te luisteren naar wat de anderen te zeggen hebben. Jouw manier van communiceren gaat erop achteruit, en jouw inwendige stress verhoogt. Bijzondere aandacht zou hier moeten gaan naar verlegen adolescenten!

2.1.3. *Uit je gevoelens: "IK..."*

Heel wat mensen hebben het moeilijk om neen te zeggen; ze voelen zich schuldig als ze weigeren of verplicht om iets te aanvaarden zelfs al neemt hun stressniveau daardoor toe. Om jezelf sereen te bevestigen en daarbij je eigen ideeën en die van de anderen te respecteren, moet je aanvaarden dat je niet voor iedereen goed kunt doen.

Je moet eerlijk en beleefd "neen" leren zeggen als de vraag je mogelijkheden te boven gaat. Je kunt beter een taak weigeren dan ze te aanvaarden als je toch niet in staat bent om hem te vervullen, of slechts gedeeltelijk.

2.2. Uitlaatkleppen voor opgekropte emoties

In sommige omstandigheden kunnen we onze gevoelens en emoties direct uiten: geboorte, huwelijk, begrafenis, bijwonen van een voetbalmatch, ... Helaas belet de context waarin de emotie opduikt vaak om ze vrij te uiten: tegenover de klant of in een hiërarchische context, in aanwezigheid van familie of van de kinderen ...

Op andere tijdstippen ligt het eerder aan ons referentiekader dat ons belet om onze emoties vrij spel te geven: "Grote jongens wenen niet!". Waarom niet??? We leven vaak met gezegdes die al jaren niet meer in vraag gesteld zijn. Wij leven in een samenleving waarin gevoelens en emoties op bepaalde ogenblikken *sociaal onderdrukt* "moeten" worden.

Geen probleem, indien die ingehouden emoties met vertraging geuit kunnen worden! Geuit op een door jou gekozen tijdstip; Geuit op een vreedzamer wijze dan de echtelijke ruzie die vaak de eerste uitweg vormt om opgekropte emoties van zich af te schudden.
Een uitlaatklep voor opgekropte inwendige spanningen is heel belangrijk om de implosie te vermijden van de onderdrukte ontladingen, gevolgd door een hele stoet van fysiologische problemen.

Slepende aandoeningen (migraine, rugpijn...) zijn vaak het gevolg van psychische problemen en onevenwichten. Weggemoffelde problemen en opgekropte (niet verwerkte) emoties hebben zeer zeker een belangrijke impact op ons fysieke welzijn. We "kroppen" ze ergens op in ons lichaamwaar ze blijven gisten en rotten...
Een soort van beerput, moordkuil... Vroeg of laat barst deze etterbuil open in de vorm van één of andere serieuze ziekte; Meer en meer worden er verbanden gelegd tussen bepaalde vormen van kanker en het opkroppen van emoties.

Daarom:
- Luister naar uw lichaam.
- Hoe deftiger u aan de buitenkant wil zijn, hoe smeriger uw "moordkuil" wordt.
- Blijf contact houden met uw schaduwzijde.
- Kuis uw moordkuil regelmatig uit !

Onze moordkuil moet inderdaad regelmatig uitgekuist worden. Hoe doe jij dit? Door
- Bezig te zijn?
- Tv te kijken?
- Te eten of te drinken?
- Intellectuele arbeid te verrichten?
- Op andere mensen te gaan focussen?
- Te gaan shoppen?

Iedereen hanteert de uitlaatklep op zijn manier: hard schreeuwen in de wijde natuur, tabak, alcohol, drugs, ... We weten blijkbaar niet altijd hoe we onze moordkuil moeten uitkuisen.

Om echt efficiënt te zijn moet de gekozen nooduitgang aan bepaalde praktische criteria beantwoorden:
- **activiteit:** een actie maakt het makkelijker om de onderdrukte krachten vrij te laten en het hormonaal evenwicht te herstellen. Surfen op het internet, TV kijken of slapen zijn te passief: het is echt nodig het lichaam te activeren;
- **passie:** de notie van plezier (hobby) moet aan de activiteit gekoppeld worden om de persoonlijke voldoening en de continuïteit ervan te garanderen;
- **waterdicht:** ten opzichte van de buitenwereld, dat wil zeggen los van de klimatologische omstandigheden of de financiële middelen;
- **toegankelijkheid:** snel en wanneer nodig.

Concreet voorbeeld:
Els gaat na een zware werkdag even wandelen. Het is de voorbije dagen niet naar wens gelopen. De recente fusie in het bedrijf maakt dat zij aan een nieuw team werd toebedeeld, maar zij vindt er haar draai niet. Haar vroegere collega's werken allemaal in een ander departement of zijn afgevloeid. Tijdens de wandeling blijft zij hierover nadenken. Ze slaagt er niet in zich los te koppelen van haar werk. Na de wandeling komt ze neerslachtig terug het huis binnen…

In dit voorbeeld zou Els beter een intensieve uitlaatklep kiezen. Waar de inwendige gedachtemolen tot stilstand komt… Want daar draait het om. Hoe zwaarder de verantwoordelijkheden, hoe meer emoties je opkropt: des te meer moet je jezelf dus kunnen loskoppelen.

Na een lichte dag kan het volstaan om wat muziek te beluisteren, zelf wat te spelen, te schilderen, te knutselen, te schrijven, te tuinieren. Na een zware dag of week vol met opgekropte spanningen kies je beter voor een intensievere en fysieke uitlaatklep. Je krijgt hier eigenlijk een uitmuntende kans om het mentale aan het fysieke te koppelen: squash, badminton, een lange wandeling in de Ardennen, intensievere lichaamsbeweging.

Enkele trucjes bij het joggen: tel jouw stappen. Geniet van de natuur... Drijf het tempo zo op dat je geen tijd hebt om aan iets anders te denken. Let op details, op kleuren en geuren. Focus op iets anders waardoor jouw brein de kans niet krijgt om aan problemen te denken.

Onze persoonlijke nooduitgang kunnen we vergelijken met een kussen dat de schokken opvangt telkens als ons leven grondig dooreengeschud wordt. Het feit dat we weten dat hij beschikbaar en toegankelijk is, biedt ons een houvast in een veranderende omgeving.

2.3. Praktische tips in vier etappes

1. **Leer naar de boodschappen van jouw emoties te luisteren, en aanvaard ze**
   Door emoties te aanvaarden kan je de impact ervan verzachten. Indien je er tegen vecht, zullen ze toenemen en je nog meer doen afzien. Je hoeft je niet te schamen voor jouw emoties, integendeel: als de emotie erkend en aanvaard wordt, heeft ze haar waarschuwende taak vervuld, en verliest ze haar intensiteit. Hoe meer je ertegen vecht en hoe meer je jouw oren dichtstopt, hoe harder ze haar boodschap uitschreeuwt.

2. **Leer jouw emoties begrijpen en interpreteren**
   Je moet de informatie van jouw emotie zo goed mogelijk gebruiken. Denk na over de situatie: zit er niets ernstiger achter verborgen? Is het niet eerder je zelfrespect dat gekrenkt is dan jezelf? Jouw emoties onthullen wat er diep in je omgaat. Als je daarmee rekening houdt verhoog je de efficiëntie waarmee je lessen uit het verleden en uit je omgeving kunt trekken. In (mentaal) verwarrende situaties helpen emoties om gepaster te reageren.

3. **Uit jouw emoties**
   Als je jouw inwendige spanningen kwijt wilt, moet je praten. Communiceer met personen aan wie je gehecht bent. Breng je gevoelens onder woorden en projecteer ze buiten jezelf waardoor ze vaak minder complex en dramatisch worden. Als de situatie (hiërarchie, klanten) een spontane emotionele ontlading in de weg staat, moet je in je dagelijks leven op zoek gaan naar oplossingen die de impact verminderen van de stress die gepaard gaat met deze negatieve emoties. Je moet zelf de beste

uitweg kiezen: sociale contacten, lichaamsbeweging, winkelen, een leuke hobby, tuinieren, knutselen, enz.

Relaxatietechnieken zijn één van de meest efficiënte middelen om de controle over je organisme te heroveren. Door hun kalmerend effect neutraliseren ze stress. Zoals alle nooduitgangen *gaat ook deze uitlaatklep enkel open van binnen naar buiten toe.* Je moet ze dus zelf regelmatig open zetten.

4. **Proef de positieve emoties**
   Vermenigvuldig de kansen op positieve emoties. Profiteer ervan om ze zo diep mogelijk in je binnenste op te stapelen. Vier je successen, op privé- of op professioneel vlak, op individueel of op collectief vlak. Sla een voorraad positieve emoties op die je in de moeilijkste momenten kunt aanspreken. Geluk trekt geluk aan.

En hoe is dit bij jou?
- Wat is de kwaliteit van jouw emotionele connectie?
- Luister jij naar de kleine stemmetjes die je informeren over jouw behoeften en verlangens?
- Luister jij naar de emoties en gevoelens van je naasten en je omgeving?
- Zal je je geestdrift blijven onderdrukken door elke informatie strikt langs die ene "mentale" filter van de logica en het gezond verstand te laten passeren?

Doe een kleine check-up van de verdieping van je hart... Indien jouw emoties je te veel parten spelen, herlees dan aandachtig deze pagina waaruit je één of twee oplossingen op korte termijn kunt halen.

De Pareto

Gevoelens en emoties zijn geen toeval. Ze zijn de inwendige ogen en oren van je lichaam. Ze geven jou waardevolle informatie over jouw mentale en fysieke toestand.
Luister zo vaak mogelijk naar de boodschappen van je organisme.
Probeer in je dagelijkse leven een aantal activiteiten te plannen die stress doorbreken en de negatieve impact van de opeengehoopte spanning verminderen: pauzes, rituelen, relaxatie van de spieren, ademhalingstechnieken, fysieke of mentale ontspanning ...
Bevrijd jezelf regelmatig van onderdrukte spanningen door je favoriete uitlaatklep (hobby) te gebruiken.

De kernzin

Ik uit mijn gevoelens en zet regelmatig de uitlaatklep open om spanningen te evacueren

3. Fysieke weerstand

Figuur 13: Relaxatie oefeningen – rooster van de "3 R'en"

	Cyclus van Reinforcement *Voor druk* De batterijen versterken	**Cyclus van Resistance** *Onder druk* Efficiënt blijven presteren	**Cyclus van Recovery** *Na druk* De batterijen heropladen
Mentaal	*Prioriteiten stellen*	*In perspectief plaatsen* *&* *Zelf-affirmatie*	*Slaap* *Voeding* *Lichamelijke oefening* *Humor* *Ontspanning* *Psychische noden* *Sociale contacten*
Emotioneel	*Confrontatie met de werkelijkheid*	*Uitlaatkleppen*	
Fysiek	*De fysiologische agenda & rituelen*	*Relaxatie-oefeningen*	

H0030640

Het idee is eenvoudig: het geestelijk lijden uit zich bijzonder via het lichaam en je kunt het daarvan bevrijden door eraan te werken. Zo is het gestresste individu nooit fysiek ontspannen; zijn spieren zijn samengetrokken zodat zijn ademhaling en zijn bloedsomloop verstoord raken.

Relaxatietechnieken zijn één van de meest efficiënte middelen om de controle over het organisme te heroveren. Door hun kalmerend effect neutraliseren ze de stress. Plan in je dagelijks leven momenten van relaxatie die de impact van spanningen kunnen verminderen en je kunnen helpen om je te herbronnen wanneer dat nodig is. Uitgeruste hersenen in een ontspannen lichaam werken creatiever.

Wat is relaxatie?
De term relaxatie betekende oorspronkelijk uitsluitend spierontspanning. Geleidelijk aan heeft de term zich ook uitgebreid tot mentale ontspanning. De fysiologische tonusvermindering van de spieren heeft immers ook een psychische ontspanning tot gevolg.

Het prestatieniveau is een directe weerspiegeling van hoe een persoon zich vanbinnen voelt. Het komt er op aan innerlijke emoties die spanningen veroorzaken te leren beheersen. De voornaamste wapens tegen stress bevinden zich in ons.

Relaxen is niet zomaar in een zetel gaan zitten om een boek te lezen of naar de televisie te kijken. Echt ontspannen staat voor controle over het zenuwsysteem dat bij een moment van acute stress reageert met een instinctieve reflex van gevecht of vlucht. Technieken van ontspanning neutraliseren de effecten van deze oerreflexen..
Het gebruik ervan brengt het organisme een inversie van lichamelijke reacties op stress zodat de spieren ontspannen, en het hart- en ademhalingstempo vertraagd wordt. Op die manier kan je snel een angstaanval bedaren, uw harttempo en bloeddruk doen vertragen, althans tijdelijk.

Figuur 14: Invloed van stress en relaxatie op lichamelijke verandering

Bij stress	Lichamelijke verandering	Bij relaxatie
vermeerdering	metabolisme	vermindering
↗	harttempo	↘
↗	bloeddruk	↘
↗	ademhaling	↘
↗	spierspanning	↘

H0030404

Niet vergeten dat het antwoord op stress **automatisch** is.
Terwijl de reactie om te ontspannen **intentioneel** moet aangebracht worden!

De meeste mensen ontspannen zich bij middel van zeer eenvoudige activiteiten: lezen bij de open haard met een glaasje wijn erbij, de hond uitlaten, naar muziek luisteren. Deze activiteiten zijn aangename middelen om zich te ontspannen maar volstaan niet om volledig lichamelijk te relaxen. Daarvoor zijn volgende technieken beter geschikt:
- ademhaling;
- spierrelaxatie;
- lichaamstaal;
- visualisatie (geestelijke inbeelding).

Hieronder beschrijven we uitvoerig de twee meest gangbare: juist ademen en spierontspanning. Talrijke historische (yoga, zen, meditatie), of moderne disciplines (sofrologie, autogene training, aromatherapie...) benuttigen geheel of gedeeltelijk deze basistechnieken.

De Russen ontdekten lang geleden dat ze via autogene training toegang konden krijgen tot extra energiebronnen door hun ademhaling te leren beheersen, door mentale concentratie en éénmaking van lichaam en geest. Zelfregulatie is een proces waardoor het individu grote invloed kan uitoefenen op zijn eigen functioneren. Yogis (meesters in de yoga) kunnen hun hartslag en temperatuur bewust beheersen... Bij een goede relaxatiesessie word je jezelf meer bewust van je lichaam: dit spiegelt zich positief af op talrijke aspecten van het dagelijks leven.

Sofrologie

De sofrologie is de meest gebruikte relaxatietechniek in de competitiesport. Ze put haar kracht uit de harmonieuze en gelijktijdige combinatie van vier basisinstrumenten: ademhaling, spierontspanning, visualisatie en lichaamshouding. Al deze instrumenten bijeen geven het beste, maar ook het meest ingewikkelde resultaat: je moet alle elementen beheersen om ze te kunnen toepassen.

Sofrologie steunt op drie basisbeginselen:
- de positieve actie: De combinatie van ontspannende ademhaling, spierontspanning, positieve visualisatieoefeningen en een sterke lichaamstaal creëert een accumulatie van aangename gewaarwordingen.
- de objectieve realiteit: De gevisualiseerde beelden kloppen met de werkelijkheid.
- het lichaamsschema: We zijn een lichaam dat allerlei gewaarwordingen ondergaat. Door ons geleidelijk te ontspannen, evacueren we onze irrationele gedachten en verhogen we onze stressbestendigheid.

Lichaamstaal

Lichaamstaal is belangrijker dan het verbale. Wat zich van binnen afspeelt, ziet men van buiten. In de verbale communicatie oordeelt men dat 90 % van de boodschap overkomt via gebaren (60%) en via de stem (30 %). Het gewicht van de gebruikte woorden bedraagt slechts 10 %.
"Wat je bent weerklinkt zo sterk dat ik niet hoor wat je zegt" schreef Ralph Emerson. Het non-verbale heeft meer invloed dan het verbale. Tijdens een sollicitatiegesprek beoordeel je de kandidaat die voor je gaat zitten van zodra hij binnenkomt: houding, manier van stappen, blik, stem ... De hersenen hebben de eerste informatie afkomstig van de persoon opgeslagen. Daarna zullen je gedachten tijdens het gesprek automatisch op zoek gaan naar de bevestiging van de aanvankelijke configuratie. De sollicitant moet inhoudelijk veel te vertellen hebben vooraleer je eerste indruk wijzigt.

Denk even aan ochtendhumeur: je voelt je niet goed als je opstaat. Indien je de ganse dag op je pantoffels en in je pyjama blijft rondlopen, ongeschoren of niet gemaquilleerd, dan zal dat je inwendige gemoedstoestand negatief beïnvloeden... Dat is menselijk. Lichaam en geest zijn nauw met elkaar verbonden. Indien je echter een lekkere douche neemt en jezelf aankleedt zal het ochtendhumeur over het algemeen sneller verdwijnen.

Visualisatie
De hersenen maken geen onderscheid tussen de realiteit en de verbeelding. Als je naar de film gaat, onderga je werkelijk de emoties die de film opwekt. We kunnen opgeschrikt worden door een plastieken spin of weigeren om een rubberen slang aan te raken. Een bloedafname zal bevestigen dat je lichaam op dat ogenblik hormonen aanmaakt die verband houden met deze emoties. Heel wat technieken gebaseerd op visualisatie vertrekken van de verbeeldingskracht.

3.1. De fysiologie van onze ademhaling

Dieren in de wildernis ademen voornamelijk via de buik, zelfs wanneer ze op het punt staan hun prooi te bespringen. De meeste mensen in onze moderne samenleving halen echter met de borst adem. Dit wordt onder andere toegeschreven aan de dominantie van de linkerhersenhelft: tja, het is wel een feit dat onze maatschappij meer belang hecht aan logica en analyse dan aan emoties.

Buikademhaling is nochtans van belang omdat hierdoor meer zuurstof in het bloed komt, en de rechterhersenhelft geactiveerd wordt. Het is nogal duidelijk dat ademhaling een fenomeen van levensbelang is. De meeste mensen ademen slechts oppervlakkig in, en gebruiken slechts het bovenste gedeelte van hun longen. Alhoewel we ongeveer 20.000 keer per dag inademen, gebruiken wij meer de borstspieren dan deze van het middenrif om te ademen.

De borstademhaling is oppervlakkig en ventileert de lucht hoofdzakelijk in het bovenste en middelste gedeelte van de longen. De meeste zuurstofuitwisselingen vinden echter plaats in het onderste gedeelte van de longen zodat borstademhaling een grotere inspanning vraagt om de nodige zuurstof op te pompen. Ook bij angst of woede gaan mensen minder diep ademen, hijgen, of zelfs naar adem happen. Er komt minder lucht binnen om hersen- en spiercellen te voeden, en je hartslag versnelt. Dit leidt tot snellere vermoeidheid, verlies aan coördinatie en concentratie.

3.1.1. Techniek van buikademhaling: antistress ademhaling

Vanaf de geboorte ademen onze longen op een natuurlijk rustige en diepe manier. Deze natuurlijke ademhaling kan duidelijk worden vastgesteld bij een slapende baby: het buikje gaat ritmisch op en neer. Zonder er zich bewust van te zijn, ademt de slapende volwassene op dezelfde wijze als een baby. Deze primaire ademhaling via de buik brengt rust en ontspanning.

Wensen we ons in wakkere toestand tot rust te brengen, dan kunnen we ons dezelfde manier van ademhalen eigen maken. Nervositeit en spanningen zullen dan in enkele tellen wegebben. Dit soort van oefeningen kunnen echter beter achterwege worden gelaten wanneer men rijdt, of activiteiten doet die een grote intensiteit of de volle aandacht eisen.

Gouden regels
- Adem in via de neus: In de neus zitten kleine haartjes die het rondvliegend stof filteren. De neus is ook een belangrijke temperatuurregelaar die, op een heel korte afstand, de temperatuur van de ingeademde lucht kan veranderen en onze longen beschermt tegen te warme of te koude lucht.
- Adem via de buik: De buik is de plaats van de ademhaling in rust. Tussen de borstkas en de buik bevindt zich de grote ademhalingsspier: het middenrif. Het middenrif werkt van hoog naar laag. Als we uitademen zet het uit en drukt het de longen samen om de luchtafvoer te vergemakkelijken. Als we inademen zakt het in waardoor we het gevoel krijgen dat we een rond buikje hebben en zuurstof kunnen bijtanken.

Hierna volgen enkele ademhalingsoefeningen die een soort van gymnastiek vormen, een versteviging van onze ademhalingsspieren.

Tijdens de eerste trainingssessies moeten we ons goed voorbereiden. Volgende punten zullen je daarbij helpen:
- Ga zitten in een goede zetel of leg je neer op een comfortabele, rustige, warme plaats waar je niet gestoord zal worden.
- Als je zit, trek dan je schoenen uit, zet de benen naast elkaar en leg je armen op de armleuningen.
- Als je ligt, leg je dan op de rug, de armen naast je lichaam. Indien nodig leg je een hoofdkussen onder je hoofd.
- Sluit je ogen en word jezelf bewust van je lichaam. Concentreer je op je ademhaling en op de spierspanningen. Neem een makkelijke houding aan.
- Ontspan je schouders.
- Ontspan je gelaat en jouw kaken.

Ik leg mijn dominerende hand, de rechtse als ik rechtshandig ben, op mijn buik en de rug van de andere hand in mijn rug. Met gesloten ogen laat ik me meevoeren op het ritme van mijn ademhaling. Bij het inademen voel ik dat mijn buik uitzet en als ik uitadem wordt hij terug normaal. Bij het inademen gaat mijn buik naar omhoog en door uit te ademen wordt hij terug plat. Ik denk niet aan mijn ademhaling: ik wil ze voelen via mijn handen... Mijn

handen bewegen onder invloed van mijn ademhaling. Deze techniek kan je overdag gebruiken in momenten van angst, spanning of zenuwachtigheid om snel je kalmte en je zelfbeheersing terug te krijgen.
- *Adem traag en diep in via de buik (inademen langs de neus).*
- *Blokkeer de lucht enkele seconden (de lucht tegenhouden).*
- *Adem traag en diep uit via de mond.*

Herhaal deze ademhalingsoefening gedurende ongeveer 1 minuut in zittende of staande houding. De opwinding door de stress verdwijnt geleidelijk. De polsslag bereikt zijn aanvankelijk niveau en de onregelmatige ademhaling onder spanning krijgt haar normale ritme terug.

3.1.2. Ontspannende ademhaling voor het inslapen

Deze techniek kan je gebruiken als je problemen hebt om de slaap te vatten. In plaats van steeds maar' schaapjes te tellen' kan je jezelf concentreren op het natuurlijke ademhalingsritme van de slaap. Terwijl je geest zich losmaakt van je andere gedachten om zich op de ademhaling te concentreren, zal het lichaam dat ademhalingsritme herkennen en langzaam indommelen.

Positie: liggend op de rug, armen en handen ontspannen naast het lichaam.

1e ademhaling:
1. **Diep** *inademen via de buik (langs de neus).*
2. *Enkele seconden blokkeren.*
3. *Uitademen via de neus.*

Volgende ademhalingen:
4. *Normale buikademhalingen via de neus.*
5. **Onmiddellijk** *uitademen via de neus. (dus niet meer blokkeren).*
6. *Enkele seconden wachten vóór de volgende inademing.*

Kwel jezelf niet door je af te vragen wanneer je in slaap zult vallen. Concentreer jezelf op het ritme van je ademhaling.

3.1.3. De voordelen van relaxatie via de ademhaling

Je wordt jezelf bewust van je ademhaling door de gewaarwording van het ademhalingsfenomeen zelf. Bij het inademen via de buik in rust beeld je jezelf in dat je terzelfder tijd acteur en toeschouwer bent. Je observeert je ademhaling naar buiten en je activeert ze terzelfder tijd van binnen uit. Telkens als er zich een probleem of een spanning aanmeldt, kan je, door erop te trainen, een reflex creëren waardoor je ogenblikkelijk je ademhaling controleert en de bedreigende situatie waarvoor je geplaatst werd, beheerst.

3.2. Spierontspanning

Net zoals lichaam en geest nauw met elkaar verbonden zijn, is het onmogelijk om mentaal gespannen en fysiek ontspannen te zijn en omgekeerd: als het lichaam zich ontspant, zal de geest zich eveneens ontspannen. Spierspanning is een vaak voorkomend symptoom van stress: je krijgt een stijve nek, je zet de tanden op elkaar en je fronst de wenkbrauwen. Slechte zithoudingen verergeren de zaken alleen maar. Op kantoor zijn het vaak enkel je vingers die met het klavier of de muis werken, wat leidt tot plaatselijke overbelastingen en de fysieke stress accentueert. Neem regelmatig een pauze en doe dan wat oefeningen om je schouders en je nek te ontspannen.

Vele atleten hebben veranderingen in spierspanning bij zichzelf geconstateerd door het bijwonen van een spannende wedstrijd als supporter. Wanneer het spannend wordt, beginnen ze mee te leven, en worden dus geestelijk meer gespannen. Gevolg, hun spieren spannen zich ook op.

Ook de spanningen van het dagelijkse leven activeren het symptomatische zenuwstelsel met als gevolg een vecht- of vluchtreactie. Het spanningsniveau gaat omhoog: belangrijk om weten is dat **éénmaal geactiveerd** het meestal **niet meer vanzelf omlaag** gaat! Dit hoge spanningsniveau kan chronisch worden, zonder dat je jezelf er van bewust bent... Daarom is het van belang zich regelmatig te ontspannen door spierrelaxatie of andere technieken, zodat er positieve energie vrijkomt voor je prestaties.

Heel vaak gebruiken we veel meer spieren dan nodig zijn voor het vervullen van een bepaalde actie: noteer eens jouw spierspanning bij enkele normale dagelijkse activiteiten: schrijven, autorijden...
Spierontspanning leidt tot een grotere maximale kracht en een soepelere intramusculaire coördinatie. In tennis bijvoorbeeld is het resultaat hiervan zuivere, soepele en harde bewegingen. Dit verklaart waarom tenger gebouwde spelertjes soms harder (op)slaan dan een 'beer' van een kerel die met een te hoge spierspanning te kampen heeft. Hoe meer je ontspannen bent, hoe soepeler de connecties tussen de spiergroepen. In de golfsport is dit zo mogelijk nog belangrijker.
Noteer eens je spierspanning op een schaal van 0 (zeer ontspannen) tot 100 (zeer gespannen) bij volgende gebeurtenissen:

- bij aanvang van een belangrijke presentatie;
- na stretchen;

- tijdens een conflict;
- wanneer je in het weekeinde lekker uitgeslapen uit je bed komt;
- in de file op weg naar een grote klant.

Wanneer een persoon ontspannen is, vinden er een aantal opmerkelijke veranderingen plaats in zijn lichaam en geest: de hartslag daalt, de ademhaling is rustiger en meer efficiënt, de bloedvaten verwijden, de bloedtoevoer naar alle spiergroepen verbetert. Een ontspannen toestand laat het gehele organisme zijn eigen homeostatische balans vinden. Hier worden lichaam en geest één, en bereikt men zijn IPS. Alles verloopt als in trance.

3.2.1. Enkele gouden regels

- Relax niet met een volle maag. Na een maaltijd wordt het bloed vanuit uw spieren naar uw maag gepompt. Indien je probeert om uw spieren te ontspannen met een volle maag, loopt je het risico om krampen te krijgen. Bovendien zullen de relaxatieoefeningen je bewuster maken van de werking van je lichaam en een volle maag kan je afleiden.
- Indien je veel zittend werkt, zorg ervoor dat jouw rug goed ondersteund wordt.
- Luister naar jouw favoriete muziek wanneer dit mogelijk is. Muziek bevordert het relaxen. Het volume kan best niet te hoog zijn.
- Concentreer jezelf puur en alleen op uw ademhaling.
- Volhard. Op bepaalde dagen zult u gemakkelijker relaxen dan op andere. Na verloop van tijd zullen de ontspanningsoefeningen deel uitmaken van uw dagelijks leven. Na enkele maanden zal je perfect aanvoelen wanneer uw spieren gespannen zijn, vermits ons lichaam zich geleidelijk bewust wordt van deze spanningen. De techniek van spannen en ontspannen laat ons toe om opnieuw naar ons lichaam te luisteren en het te begrijpen.

3.2.2. De progressieve relaxatietechnieken van Jacobson

Deze techniek is gebaseerd op het afwisselend SPANNEN en ONTSPANNEN van je spieren, met de bedoeling het verschil gewaar te worden.
Zo kan je jouw spierspanning leren controleren, en laten zakken wanneer je dat wilt. Je spierspanning laten zakken is dus gewoon een kwestie van trainen. De bedoeling is onrechtstreeks door de spieren te ontspannen ook de geest te ontspannen: een ontspannen geest in een ontspannen lichaam.

Zeker als je recht staat kan je makkelijker vaststellen dat een spier gespannen staat dan dat ze ontspannen is. Een goede methode is om alle spieren van een bepaalde zone op te spannen en ze daarna te ontspannen.

De techniek van de spanning-ontspanning bestaat erin dat je een spier of een spiergroep gedurende 10 seconden opspant en daarna ontspant. Elke beweging moet traag, voorzichtig en progressief uitgevoerd worden. Je wilt hier immers geen spieren bijkweken, je probeert enkel jezelf te ontspannen.

3.2.3. Oefening

Kies een rustige plek waar je minstens 20 minuten niet gestoord zal worden. Sta bij iedere stap enkele seconden stil om je bewust te worden van wat je voelt. Het beste kan je op een rechte stoel gaan zitten (rechte ruggengraat > meditatiehouding). De techniek zelf is eenvoudig, en kan reeds met zeer jonge kinderen (8 jaar) uitgevoerd worden zodat zij relaxatie als een normale oefening beschouwen.

Maak een krachtig gebalde vuist, en kijk welke spieren hierbij gebruikt worden. Maak jezelf zonder woorden bewust van het gevoel in handpalm en vingers, in je pols, de buitenkant van je hand, je onderarm, in je bovenarm, schouders, borst, rug. Neem de tijd. Let op elke gewaarwording, hoe onbelangrijk die ook mag lijken.

Welke invloed heeft de gebalde vuist op ademhaling en buikspieren? Merk je enige spanning of een ander gevoel in je bekken, billen of lenden? Welk gevoel heb je in je benen? Heeft dit enig verband met je vuist? Ontspan je vuist en hand: schud zachtjes... Ontspan...Schud...Ontspan... Maak opnieuw een vuist. Noteer in je gedachten de gewaarwordingen die bij je opkomen. Gebruik losse woorden. Ga niet naar een verklaring zoeken. Gebruik woorden als 'strak, hard, warm, los, sterk, samengetrokken, koud... of andere woorden. Beschrijf iedere emotie die bij je opkomt in verband met je vuist, zoals 'zekerheid, resoluut, angst. Ontspan nu je hand geheel: laat je arm losjes naar beneden hangen. Welk fysieke gewaarwording ervaar je nu: 'los, tintelend, warm...' Ga dezelfde spieren na als daarstraks bij de gebalde vuist. Ga dan over tot de tweede stap.

Je kan dit nu ook voor alle andere spiergroepen gaan toepassen.

Je ademt eerst diep in en begint onderaan je lichaam (de tenen). Span elke spiergroep langzaam op tot je bij je hoofd komt. Bij elke samentrekking blokkeer je de ademhaling en je houding gedurende 10 seconden, daarna adem je uit via de mond en ontspan je jezelf. Gun jezelf de nodige tijd om van de ontspanning die op de samentrekking volgt te genieten en naar de gewaarwordingen te luisteren.

Indien je deze oefeningen van spanning en ontspanning gedurende enkele maanden inoefent, zal je perfect aanvoelen op welke momenten je spieren te gespannen zijn. Dit zal je toelaten onmiddellijk te reageren; de techniek van de spanning en ontspanning leert je opnieuw te luisteren naar je lichaam en het te begrijpen.

3.2.4. *Relaxatie binnen de werksfeer*

Je kunt relaxatieoefeningen in de buurt van jouw werkplan verrichten om de kwaaltjes en de pijn die de zithouding je berokkent te verzachten.

Oefeningen van spannen – ontspannen kunnen zeer zeker op de werkplaats uitgevoerd worden, en helpen om kleine kwaaltjes, verbonden bijvoorbeeld aan de manier van zitten of de positie voor de computer, te verminderen

Indien U vaak een toetsenbord of muis benuttigt, maak elk uur een korte pauze, en doe enkele oefeningen met de handen. Veel mensen zitten fel gebogen over hun toetsenbord; het gewicht van het hoofd oefent dan een grote spanning uit op de nek, en geeft pijn ter hoogte van de nek en de schouders. Wie kent er niet die schele hoofdpijn die vanuit de rug naar je nek opstijgt?! Oefeningen waarbij de schouders ontspannen worden zijn hier aangewezen. U kunt ook het hoofd naar voor buigen totdat uw kin uw borst raakt en eventueel langzaam het hoofd van links naar rechts buigen. Houd elke positie 10 seconden aan.

De handen achter het hoofd plaatsen. Nadien het hoofd naar voor buigen totdat uw kin uw borst raakt en u een spanning voelt in de halsspieren.

H0030415

Ga met de rug goed recht zitten en voeg de handen bij elkaar achter de rug. Trek geleidelijk de armen achteruit en naar omhoog totdat U een spanning voelt in de borst, in de schouders en in de armen.

H0030416

De handpalmen tegen elkaar voegen, op hoogte van de borst en de vingers naar boven. Duw hard gedurende 5 seconden, laat dan de druk los. Herhaal deze oefening drie maal. Voel het verschil tussen spanning en ontspanning

3.2.4. De voordelen van regelmatige relaxatie

- Je slaapt beter.
- Je mentale en fysieke capaciteit neemt toe.
- Je hebt meer controle over je emoties.
- Je bestrijdt vermoeidheid.
- Je vermindert angst en spanning.

De Pareto

We bezitten in onszelf onze krachtigste anti-stresswapens. Relaxatie berust op vier belangrijke instrumenten.

Ademhaling: adem langzaam en diep in via de buik om de gevolgen van de fysiologische opwinding snel terug te dringen. Er bestaan verschillende ritmes van inademen/uitademen in functie van de situaties.

Spierontspanning: ze maakt gebruik van het principe spanning/ontspanning.
Om een stramme zone te ontspannen, moet je ze eerst enkele seconden opspannen om de gevolgen van de ontspanning beter te voelen, en dan ontspannen.

Lichaamshouding: de geest wordt beïnvloed door de waarneming van de attitudes van je lichaam. Door een positieve fysieke houding aan te nemen zullen je gedachten en emoties even positief worden.

Visualisatie: door mentale verbeelding kunnen we onze inwendige toestand veranderen. Door scènes van rust of welzijn voor de geest te halen, wekken we de gedachten en emoties op die daarmee geassocieerd worden.

Sofrologie is één van de krachtigste relaxatietechnieken want ze maakt gebruikt van de vier basisinstrumenten.

De kernzin

Ik ontspan mezelf door een gecontroleerde ademhaling.

Mega Pareto

Samenvatting van de cyclus Weerstand (Resistance)

De weerstand onder spanning is het vermogen om een zekere druk te verdragen zonder ingrijpend te veranderen.

MENTALE WEERSTAND
Hoe vermijden we mentale pollutie, irrationele gedachten en mentale valkuilen?
Door een dagelijkse mentale training versoepelen we onze geest zodat we het “probleem” anders bekijken.
Stel irrationele inwendige stemmetjes in vraag, en stel er positieve in de plaats die jou helpen je zelfcontrole te bewaren en het beoogde doel of gedrag te realiseren.
Wanneer je jouw gedachten dan nog in positieve bewoordingen uitdrukt zal je onder druk veel beter aan stress kunnen weerstand bieden.

EMOTIONELE WEERSTAND
Wanneer moet je jouw emoties uiten? Hoe moet je de uitlaatklep van de opgekropte emoties openzetten?
De onmiddellijk geuite emotie vermindert de inwendige spanning en verbetert de kwaliteit van de connectie met de gesprekspartner.
Als je jouw emoties niet onmiddellijk uit, moet je regelmatig de uitlaatklep van je nooduitgang openzetten en de zak van je verdrongen emoties leegschudden.
"Actieve" uitlaatkleppen hebben een sneller en doeltreffender rendement.

FYSIEKE WEERSTAND
Gespannen spieren, snelle polsslag, kortademigheid …
Gebruik jouw anti-stresswapens: buikademhaling, spierontspanning, positieve lichaamstaal en visualisatie.
Train deze relaxatietechnieken om de fysiologische opwinding onder stress te bedaren.

IV. CYCLUS VAN RECUPERATIE (RECOVERY)

Figuur 15: cyclus van recuperatie – rooster van de "3 R'en"

<table>
<tr><th></th><th>Cyclus van Reinforcement

Voor druk

De batterijen versterken</th><th>Cyclus van Resistance

Onder druk

Efficiënt blijven presteren</th><th>Cyclus van Recovery

Na druk

De batterijen heropladen</th></tr>
<tr><td>Mentaal</td><td>Prioriteiten stellen</td><td>In perspectief plaatsen
&
Zelf-affirmatie</td><td rowspan="3">Slaap
Voeding
Lichamelijke oefening
Humor
Ontspanning
Psychische noden
Sociale contacten</td></tr>
<tr><td>Emotioneel</td><td>Confrontatie met de werkelijkheid</td><td>Uitlaatkleppen</td></tr>
<tr><td>Fysiek</td><td>De fysiologische agenda & rituelen</td><td>Relaxatie-oefeningen</td></tr>
</table>

H0030641

Definitie
Recuperatie is het vermogen om na een verstoring van het evenwicht snel naar zijn aanvankelijke toestand terug te keren.

De wet van de vitale afwisseling herinnert ons eraan dat de dagelijkse energiecurve voor een goed evenwicht tussen het ontladen en opladen van energie moet zorgen. Regelmatig heropladen van energie zorgt ervoor dat we niet te lang uit onze reserves putten (waardoor onze efficiëntie evenredig zou verminderen). Het vermogen van elk individu om goede prestaties te leveren hangt grotendeels af van zijn recuperatievermogen.

Daarom is het van groot belang dat we regelmatig momenten voor onszelf voorbehouden om ons met verse energie vol te tanken. Deze energie kunnen we o.a. putten uit fysieke ontspanning, positieve emoties, slaap, een gezellig samenzijn met vrienden .... Onze batterijen opladen is een vitale behoefte die op drie niveaus berust, zoals gebleken is uit de schaal van Alderfer.

We trachten steeds om eerst in onze fysiologische bestaansbehoeften te voorzien: in het dagelijks leven betekent dit slapen, eten en bewegen. In ons beroepsleven vertalen deze basisbehoeften zich in het loon en de werkomstandigheden. Het is een behoefte die opgewekt wordt door een tekort. De aanwezigheid van die tekorten motiveert niet, maar handhaaft de ontevredenheid. Door eraan te voldoen voorkomen we ontevredenheid. Echt motiveren doen ze ons niet. Daarna komt onze behoefte aan relaties (harmonieuze relaties met onze naasten en onze collega's). En tot slot de behoefte aan groei (onze kennis verbeteren, projecten hebben). Als we aan deze twee niveaus van behoeften eveneens voldoen, stimuleren en verhogen we ons recuperatievermogen.

Tekenen van recuperatie
Telkens als we aan een behoefte voldoen, wordt onze energie heropgeladen. Het lichaam stuurt ons heel duidelijke signalen wanneer de behoeften bevredigd zijn.

<u>Courante tekenen van fysieke recuperatie:</u>
- fysieke relaxatie;
- vermindering van vermoeidheid, betere slaap;
- vermindering van de spierspanning;
- tragere hartslag;
- trager ademhalingsritme;
- daling van de bloeddruk;
- daling van de cortisol spiegel.

<u>Courante tekenen van emotionele recuperatie:</u>
- emotionele relaxatie;
- gewaarwording van plezier en genot;
- toename van de positieve emoties;
- afname van de negatieve emoties;
- toename van het veiligheidsgevoel;
- toename van het gevoel van zelfrespect;
- verhoogd gevoel van liefde.

<u>Courante tekenen van mentale recuperatie:</u>
- mentale relaxatie;
- afname van de mentale activiteit, dwz inwendige rust (gemeten met elektro-encefalogram);
- groter aandachtsvermogen;
- grotere verbeeldingskracht;
- groter voorstellingsvermogen.

De zeven recuperatiemechanismen:
- slaap;
- voeding;
- lichaamsbeweging;
- humor;

- ontspanning;
- psychische voldoening;
- sociale contacten.

Het is niet de bedoeling dat je jezelf alleen maar verdiept in de werking van deze fysiologische opladingen, maar ook dat je het verband met en de invloed op de drie batterijen leert zien.
Slaap bijvoorbeeld laadt de drie batterijen onmiddellijk op, voeding beïnvloedt ons humeur. Humor is een vorm van mentale en emotionele excitatie, en lachen een vorm van fysieke ontspanning. Je moet deze energiebronnen kennen om ze efficiënt te kunnen gebruiken, onderhouden, ontwikkelen en diversifiëren. Als je hun brandstof en hun mogelijke defecten kent, kan je hun impact op je dagelijkse prestaties bijsturen.

1. Slaap

Je dagprogramma mag nog zo goed ingedeeld zijn, als je er vermoeid aan begint, zal het niet efficiënt zijn.

Figuur 16: Energiediagram

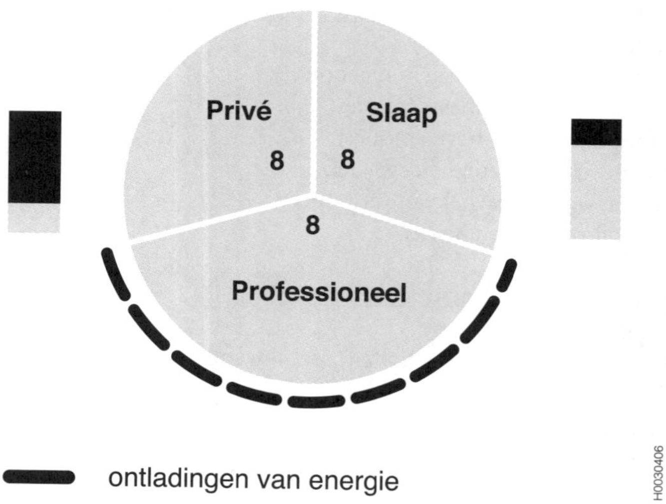

Voldoende en verkwikkende slaap is een conditio sine qua non om overdag een kwaliteitsvolle prestatie te leveren. De batterij die je rechts van de tekening ziet moet best vol met energie zitten wanneer je 's morgens wakker wordt. Gedurende de dag zal je er immers gretig uit putten om aan de talrijke taken te voldoen.

De mens brengt in principe ongeveer één derde van zijn leven door met slapen (hoewel de behoeften verschillen van de ene persoon tot de andere). Wanneer een individu ondergebracht wordt in een ruimte waar het geen notie heeft van tijd of plaats (geen contact met het natuurlijk licht, geen tijdsindicatoren) belandt het spontaan in een slaapcyclus van gemiddeld zeven en een half opeenvolgende uren. Ongeveer acht uur na het ontwaken komen hier nog eens ongeveer 30 minuten “knikkebollen” bij (circadische depressie).

Dit ‘knikkebollen’ ervaren we eigenlijk elke dag: het valt doorgaans samen met het natuurlijk biologisch "dieptepunt" van de circadiaanse inzinking (circadische depressie) kort na de middag… Als je er behoefte aan hebt en er de kans toe krijgt, is dat het ideale moment om een dutje te doen. Wanneer je ongeveer 20 tot 30 minuten (maximum) slaapt, zal je niet alleen vlugger recupereren, maar ook veel alerter zijn voor de rest van de dag.

Wie niet over deze mogelijkheid beschikt, moet met andere wapens strijden, zoals een lichte fysieke activiteit voor of na de lunch (sport, wandeling), een lichte lunch zonder alcohol, een fysiologisch verantwoorde ochtendpauze, of de (lichte) opwinding van actieve taken tijdens de circadiaanse inzinking (bezoek, afspraak, interactieve vergadering).
Deze en andere praktische tips werden reeds uiteengezet in het hoofdstuk "versterking van de fysieke batterij voor spanning".

1.1. Duur van de oplading

Het grote voordeel van slaap is dat zij de drie batterijen onmiddellijk heroplaadt met energie. Dit heropladen duurt voor de meeste mensen ongeveer 7 en een half uur per nacht. Naarmate we ouder worden, vermindert deze behoefte. Een zuigeling slaapt diep gedurende 16 u. per dag. Senioren kunnen het met 6 à 7 uur lichte slaap stellen. De fysiologische marge schommelt gemiddeld tussen 6 uur per nacht voor een kleine slaper en 9 uur per nacht voor een grote slaper.

Voor een kwalitatief goede heroplading heeft men minstens 6 uur slaap nodig. Dit om de drie batterijen te herladen en een fysiek en intellectueel actief leven te garanderen. Als je de architectuur van slaap (cf tekening) bekijkt komt dat overeen met vier blokken van deltaslaap (trage slaap). Het absolute minimum om de werking van de basisfuncties te kunnen blijven garanderen bedraagt 4 uur.

1.2. Heropladen in blokken

Tijdens de nacht komt er als het ware een treinkonvooi langs dat bestaat uit vier of vijf "wagons". (cycli van 90 à 110 minuten) Elke wagon kent een zelfde verloop: indommelen, lichte trage (delta) slaap, diepe trage (delta) slaap. Dan volgen enkele minuten paradoxale of droomslaap (REM slaap). Deze REM slaap kan je vergelijken met een korte "waaktoestand", ook al worden de meeste mensen natuurlijk niet echt wakker.

Figuur 17: Slaapcyclus

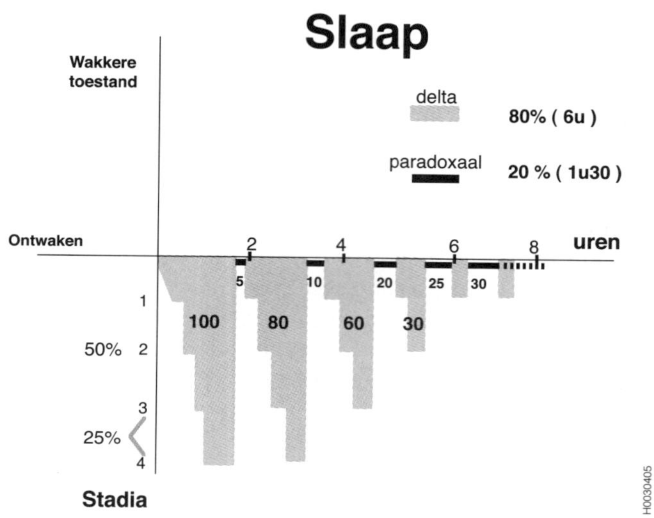

Pas als de basale lichaamstemperatuur haar minimum bereikt overvalt de slaperigheid ons en vertrekt de eerste wagon. Je moet naar je lichaam luisteren om 'de trein te nemen' zodra hij aankomt. Doorgaans is dat tussen 22 en 23 uur. Interne en externe factoren kunnen het uurrooster verstoren. Als je deze eerste trein mist, moet je geduldig wachten op de volgende: indien je nu de komende 90 minuten te druk bezig blijft, riskeer je last te krijgen van slapeloosheid.

De diepe trage slaap (stadium 3 en 4 van de deltaslaap) is de beste oplader van de fysieke batterij. In het eerste deel van de nacht vind je enkele grote blokken van delta slaap. Een goede algemene lichaamsbeweging verhoogt de kwaliteit van deze diepe slaap. Te weinig algemene fysieke oefening kan hier tot een minder goede kwaliteit van slapen leiden.

De droomslaap daarentegen herlaadt eerder de mentale en de emotionele batterijen. Ze neemt ongeveer 20 % van uw nachtrust in beslag en situeert zich vooral in het tweede deel van de nacht. Ze is echter onmisbaar om het geheugen te reorganiseren, de leerprocessen te verankeren en stress te verminderen! Dit verklaart waarom studenten die tijdens de examenperiode tot laat in de nacht studeren, de stof die zij die dag geleerd hebben niet vasthouden. Het tekort aan droomslaap verhoogt de stress, de angst en de irriteerbaarheid. Het is trouwens een gekende marteltechniek om telkens een gevangene droomt … het licht in zijn cel aan te steken. Om gek van te worden.

Overigens, wat effectief heropladen van je fysieke batterij betreft: het baat niet om 's morgens lang uit te slapen…Je krijgt er geen extra fysieke energie door, maar wel vooral een langere droomslaap wat hoogstens goed is voor psychische recuperatie.

1.3. Verstorende factoren

Eén slechte nacht leidt reeds tot een daling van de productiviteit: concentratieproblemen, geheugenstoornissen, overdreven slaperigheid, presenteïsme (aanwezig zijn op het werk, maar niet in staat efficiënt te werken…). Wat dan met chronische slapeloosheid, en de gevolgen daarvan in de vorm van absenteïsme, slechte resultaten, verminderde productiviteit, verkeersongevallen, gezinsconflicten?!

Onder de slaapverstorende factoren zijn er drie die wat meer aandacht vragen:

Fysieke inactiviteit: We hebben er reeds op gewezen dat inactiviteit onze fysieke capaciteiten vermindert. Wie in zijn zetel blijft hangen, zal tijdens de slaap meer problemen hebben om in de diepere slaapfasen te belanden, terwijl deze juist voor een echte fysieke recuperatie zorgen. En zo begint de vicieuze cirkel: aangezien ik geen lichaamsoefeningen doe, slaap ik minder diep: dus recupereer ik minder goed; ik voel me moe en heb dus niet de energie om actiever te worden!

Te intense fysieke activiteit te dicht bij de slaap: Ga om 22 uur een uurtje squashen (eindelijk rust: de kinderen liggen in bed, en de partner let er op…), en probeer dan maar eens vóór middernacht in te slapen!
We geven je hier het perfecte excuus om na de match wat langer te blijven hangen, want vóór 2 uur 's morgens doe je toch geen oog dicht. Intense fysieke inspanning zorgt voor ontladingen van adrenaline (opwinding) en

verhoogt de lichaamstemperatuur. Twee slaapverstorende factoren.
Je hebt tot 3 uur nodig om van de adrenaline af te raken, en 2 uur om de lichaamstemperatuur te doen dalen. Drie tips kunnen dit proces van afkoelen enigszins versnellen: beëindig je activiteit met enkele honderden meters te stappen (cooling down) om het melkzuur efficiënter af te voeren en het hartritme te doen zakken; doe dan enkele streching oefeningen om de spierspanning te verminderen. En neem een lauwe douche.

Intellectuele activiteit: Geconcentreerd werken stimuleert neuronen in ons brein, net zoals fysieke activiteiten de adrenaline verhogen. Vergelijk dit even met jouw computer: wanneer je een dossier 's avonds afwerkt en de computer afzet, komt de harde schijf binnen enkele seconden tot stilstand. De harde schijf in jouw hersenen heeft daar echter makkelijk één uur voor nodig! Om dit proces te versnellen, voorzie je best *overgangselementen* tussen de geconcentreerde activiteit en de slaapactiviteit: lezen, TV kijken, kruiswoordraadsel invullen, relaxatieoefeningen, douche ...
Overigens, leg een blocnote en een pen op je nachttafel om eventueel de laatste rode lampjes uit te doven: "Ik mag dat en dat niet vergeten morgen..." maakt dat jouw inwendige harde schijf heel de nacht op onbewust niveau blijft werken. Deze zaken even noteren zorgt voor een gerust gemoed, en een betere nachtrust.

1.4. Beter slapen

- Ontwikkel een slaapritueel en volg het.
- Probeer zoveel als mogelijk op hetzelfde uur te gaan slapen en op te staan. Bij voorkeur vóór middernacht om maximaal te profiteren van de heilzame werking van de diepe delta slaap.
- Sta op hetzelfde uur op hoe diep je ook sliep.
- Doe regelmatig oefeningen, maar niet vlak vóór het slapengaan.
- Neem een snack die veel koolhydraten of rustgevende bestanddelen bevat vooraleer je gaat slapen (droge koek, glas melk, linde- en kamillethee).
- Verbruik zo weinig mogelijk cafeïne of alcohol. Alcohol maakt je wel meer ontspannen zodat je makkelijker inslaapt, maar doet je 's nachts regelmatig wakker worden en verstoort de kwaliteit van je dromen.
- Stel jezelf bij het opstaan dertig minuten bloot aan het daglicht, of doe zoveel mogelijk kunstlicht aan in de winter (indien het buiten nog donker is).
- Kijk niet continu naar de wekker als je 's nachts wakker wordt: door je te ergeren aan het feit dat je wakker bent, versterk je alleen maar het onvermogen om te slapen

- Hou je kamer fris (16 à 18°). Zorg ervoor dat hij goed verlucht wordt. Slaap in het donker.
- Gebruik in geval van slaapproblemen specifieke recuperatietechnieken zoals ontspanningsoefeningen voor alle spiergroepen, slaapvisualisaties, enz. om je slaapcyclus beter te induceren.

1.5. Melatonine

Melatonine is het natuurlijke hormoon dat aangemaakt wordt door de pijnappelklier in de hersenen. Het speelt een belangrijke rol in de regulering van ons biologisch ritme in het algemeen en van onze slaap in het bijzonder. Het brengt het inslaapproces op gang: daling van de lichaamstemperatuur, vertraging van het hartritme, ... Het bereikt zijn productiepiek tussen 3 en 4 uur 's morgens. Dan gebeuren trouwens ook de meeste auto-ongevallen. De productie vermindert rond 6-7 uur 's morgens.

Melatonine is heel gevoelig voor licht, dat de productie ervan blokkeert of vermindert. Vandaar dat het wordt aangemaakt bij duisternis. Zelfs op klaarlichte dag kunnen gevoelige schommelingen in de lichtsterkte mini-ontladingen van melatonine veroorzaken. In weinig of slecht verlichte ruimten moet de werknemer harder vechten om alert en aandachtig te blijven. Je herinnert je wel nog dat de hersenen pas optimaal werken als ze over een verlichting van 400 à 500 lux op het werkvlak beschikken. In de sport zijn de normen nog strenger: in de tennissport eist het reglement bijvoorbeeld minimum 700 lux voor de kunstmatige verlichting tijdens de matchen die indoor of 's nachts gespeeld worden.

Om onze inwendige klok juist af te stellen en de productie van melatonine te corrigeren, maakt men vaak gebruik van lichttherapie (blootstelling aan een lichtintensiteit van 2 500 tot 5 000 lux), en van chronotherapie (die het slaappatroon geleidelijk doet opschuiven). In sommige gevallen schrijft men exogene (kunstmatige) melatonine voor om de endogene melatonine te stimuleren (zie jet lag).

1.6. Jet lag

Een andere storende factor waar vooral zakenmensen hinder van ondervinden is het effect van de tijdsverschillen of de "jet lag". De NASA oordeelt inderdaad dat men *één dag per doorkruiste tijdzone* nodig heeft om zijn gebruikelijk ritme en energie terug te krijgen. Dus bijna 6 dagen voor een reis naar New York! Beroepssporters zijn altijd in dat probleem geïnteresseerd geweest omdat zij regelmatig van de ene competitie naar de andere en van het ene continent naar het andere reizen. Sommige gebruiken de technieken van versnelde aanpassing: de avond vóór het vertrek gaan ze twee uur vroeger of twee uur later slapen naargelang ze naar het Westen of naar het Oosten reizen. Ze passen hun inwendige biologische klok aan volgens het uur van het land van bestemming zodra het vliegtuig opstijgt. Anderen maken gebruik van capsules melatonine vermits deze niet op de lijst van de "verboden" producten staan.

Nochtans bestaat er heel wat discussie over dat natuurlijk slaaphormoon dat in de vorm van pillen ingenomen wordt. Wanneer melatonine occasioneel ingenomen wordt, zal men makkelijker inslapen wanneer de biologische klok verstoord is: als ze ongeveer één uur vóór het slapengaan in het land van bestemming ingenomen wordt, biedt melatonine het voordeel van slaap op bevel. Na vele jaren van gebruik kennen de sportlui perfect de voordelen en de beperkingen van deze stof: de slaap en de recuperatie worden vergemakkelijkt.

Deze doeltreffende werking wordt echter enkel vastgesteld tijdens vluchten naar het Oosten (Azië). Voor reizen naar het Westen (VS) moet men eerder vechten tegen de neiging om in slaap te vallen wanneer men zich wil aanpassen aan het lokale ritme. In dat geval blijken lichte, alcoholvrije maaltijden, een beetje fysieke activiteit en een tas sterke koffie (uitzonderlijk) betere resultaten op te leveren.

Sowieso loont het om, éénmaal ter plaatse, je lichaam zo snel mogelijk te activeren door middel van een lichte fysieke activiteit. Dat versnelt de recuperatie van de reis, en de afstelling van je biologische klok.

Het probleem ligt thans vooral in de kwaliteit van de aangeboden "producten". In de meeste Europese landen, met uitzondering van Italië, mag dit hormoon (nog) niet verkocht worden. Het zou enkel onder de benaming "geneesmiddel" gecommercialiseerd mogen worden wat een langdurig en duur proces van accreditatie vergt waaraan geen enkel farmaceutisch bedrijf zou beginnen. Want zijn hoedanigheid van natuurlijk hormoon belet dat er een brevet of monopolie verkregen kan worden.

In de Verenigde Staten wordt het in de drugstores volkomen wettelijk verkocht als voedingssupplement, zonder kwaliteitscontrole! En vermits er geen controle is, kan men eraan toevoegen wat men wil. Een recente studie van een tijdschrift dat de consumentenbelangen in de VS verdedigt, heeft uitgewezen dat meer dan één derde van de als "melatonine" verkochte producten er geen bevatten.

Er moet dus heel voorzichtig omgesprongen worden met producten die via internet of in het buitenland gekocht worden. Omdat ze bang zijn voor de risico's van het inslikken van producten die ze niet kennen, gaan de beroepssporters te rade bij gespecialiseerde dokters. Ook jij zou dit advies ter harte moeten nemen.

1.7. De siësta

In de sport op hoog niveau is de siësta één van de meest gebruikte middelen om de alertheid in de namiddag te verhogen. Je moet de fysiologische criteria voor de kwaliteit van de siësta goed naleven: duur 20 à 30 minuten, lichte alcoholvrije maaltijd en regelmatige uren. De siësta doet je enkel recupereren als je lichaam eraan gewend is. De "occasionele" zondagmiddagslapers kennen allemaal het probleem van slapeloosheid in de nacht van zondag op maandag. Voor de habitués zorgt het ritueel van de siësta voor een ultrasnelle recuperatie. Het doet oververmoeidheid verdwijnen en het wekt de intellectuele en fysieke intelligentie sterk op. Blijf aandachtig voor de alarmsignalen van slaperigheid tijdens de dag: intellectuele vergissingen en fysieke ongevallen zijn nooit ver weg.

De Pareto

Je valt pas in slaap als de lichaamstemperatuur gezakt is en de productie van melatonine (slaaphormoon) op gang komt.

De eerste slaaptrein komt langs rond 22-23 uur.
Daarna moet je ongeveer 1.30u wachten om op het tweede slaapkonvooi te stappen.

Niets is beter dan een tas linde- of kamillethee om je te ontspannen. Lezen, relaxen, zachte muziek beluisteren zijn goede rituelen van de laatste 20 minuten vóór het inslapen.

Het is zeker niet het moment om familiale afrekeningen aan te vangen, naar de recentste thriller te kijken of te roken (nicotine doet de productie van stresshormonen toenemen).

De kernzin

Ik respecteer mijn inslaapritueel.

2. Voeding

Om een goede fysieke en mentale tonus te behouden, moet je de momenten van bevoorrading over de dag spreiden. De ochtendmaaltijd is de belangrijkste want hij doseert je capaciteiten voor de voormiddag. Als je deze maaltijd overslaat, breng je jouw lichaam in de problemen tot het midden van de dag.

Gebruik het cijfer 3 als leidraad:
- 3 maaltijden per dag met daarbij de belangrijke energietoevoer van het ontbijt;
- 3 bestanddelen in elke maaltijd, een handvol van elk;
- 3 snacks – fruit, koekje, fruitsap – rond 10.30u, 16u. (en eventueel 22u) voor een regelmatige energietoevoer.

Neem tijd om te eten in een rustige en kalme omgeving. Om je bloedsuikerspiegel en je energie de ganse dag op peil te houden is het beter om minder doch regelmatiger te eten: vele zakenmensen en zelfstandigen zondigen tegen deze regel door slechts één enkele grote maaltijd per dag te nemen.
- Let op de hoeveelheden!
- Eet veel groenten, fruit en granen!
- Matig je verbruik van suiker en zout!

2.1. Index van de vetmassa

Het lichaam bestaat hoofdzakelijk uit water, beenderen, spieren en vet. De drie eerste elementen vormen wat men het 'mager gewicht' noemt; het is vooral het laatste, de index van de vetmassa die je in het oog moet houden. Jouw gewicht is namelijk niet de enige indicator voor een goede "conditie". Het heeft zelfs nauwelijks effect voor degenen die veel lichaamsoefeningen doen en daardoor hun spiermassa verhogen. En spieren wegen zwaar! Neen, we noemen het 'gezond gewicht' waarover je jezelf echt niet ongerust hoeft te maken.

Er bestaan twee efficiënte manieren om je lichaamsmassa te meten:
- de Body Mass Index
- vetmassa-index

2.1.1. *De body mass index (BMI)*

De BMI wordt berekend door je gewicht (in kg) te delen door het kwadraat van je lengte (in m) (lengte x lengte)
- BMI < 20: Dit is uitstekend.
- BMI tussen 20 en 25: Volgens de wetenschap zit je perfect binnen de norm (maar meestal zien we die wetenschappelijke criteria niet zitten!).
- BMI tussen 25 en 30: Je hebt overgewicht.
- BMI > 30: Je bent zwaarlijvig.

2.1.2. *De vetmassa-index*

Met een huidplooimeter meet je de huidplooi ter hoogte van de taille (de "band" bij de mannen). Als ze minder dan 3 cm meet, valt je vetmassa binnen de goede normen. Meet ze meer dan 3 cm, dan moet je jouw gewicht in het oog houden en enkele kilo's vermageren. Neem de huid van de bovenkant van je hand even vast om het verschil te voelen. Deze manuele methode vergt een meting door specialisten omdat we anders vertekende waarden krijgen!

Makkelijker en nauwkeuriger kunnen we het vetpercentage van je lichaam meten met een vetmeter. Dit apparaatje zendt een lage stroom doorheen je lichaam, en is in staat via de densiteit van de verschillende weefsels jouw vetpercentage te berekenen.

Ideale gemiddelden van vetophoping (% vetmassa ten opzichte van uw lichaamsgewicht):
- mannen: 17 % > 20 %;
- vrouwen: 22 % > 27 % (ander metabolisme !).

Met de leeftijd heeft de vetmassa de neiging om toe te nemen omdat het basismetabolisme trager werkt. Deze vertraging houdt in dat het organisme minder verbruikt. We zouden dit kunnen vergelijken met een motor die steeds trager gaat draaien en daardoor steeds minder brandstof verbruikt. Het lichaam verbrandt minder calorieën en deze worden sneller in de reserves opgenomen. Daarom zullen de sportmannen in de sporten volgens gewichtscategorie (judo, boksen) geleidelijk van categorie "stijgen" tijdens hun loopbaan. Gelukkig beperkt lichaamsbeweging (vooral uithouding) de gewichtstoename, maar helaas niet de omvang van de vertraging in de stofwisseling.

2.2. *Mentale energievoorraad*

Het menselijk organisme verbruikt in waaktoestand 25 gram glucose per uur tegenover 10 gram per uur in rusttoestand. De hersenen nemen 20 % van dat verbruik voor hun rekening (nochtans "wegen" ze slechts 3 % van het lichaam). Het opslagen van suikers in de lever, in de vorm van glycogeen, is beperkt tot zo'n 100 gram. Aan een nachttempo van 10gr/uur verleent ons dat een gemiddelde autonomie van 10 uur alvorens we opnieuw moeten voltanken. Dat stemt overeen met de duur tussen de laatste maaltijd 's avonds en het ontbijt 's morgens.

Indien we een fysieke of intellectuele activiteit tijdens die periode verrichten, wordt deze termijn uiteraard korter. Als we 's morgens wachten om vol te tanken, verzetten de neuronen zich en dat uit zich in een vermindering van onze aandacht en een ongebruikelijke nervositeit. In dat geval bereikt onze bloedsuikerspiegel zijn dieptepunt tussen 11 en 12 uur. Het organisme wordt overspoeld door een golf van vermoeidheid, de hersenen raken beneveld en ons redeneringsvermogen draait op een laag pitje.

Het lichaam kan niet anders dan reageren op dat brandstoftekort. Bij gebrek aan suiker moet het organisme uit de andere voorraden putten om een ersatz voor glucose te vinden. Deze brandstof van slechte kwaliteit doet de hersenfuncties trager werken tot ze opnieuw bevoorraad worden.

2.3. *Voedingsmiddelen die je alertheid verhogen*

Voedingswaren die je alerter maker zijn rijk aan eiwitten (vlees, eieren, vis, zuivelproducten). Je moet er dus voor zorgen dat je ze meermaals per dag eet. Idealiter zou jouw ontbijt naast de klassieke portie koolhydraten (brood of granen) ook een portie eiwitten (ei, melk, yoghurt) moeten bevatten.

's Middags moet je vooral eiwitten innemen (zoniet riskeer je een diepere circadiaanse inzinking!); de ideale samenstelling is: vlees of vis, groenten, zetmeel en melkproducten. Rood vlees is opwekkend doordat het rijk is aan eiwitten en tyrosine. Het verbruik ervan moet dus wel vermeden worden tijdens het avondmaal (minder goede slaap) of in een context van stress en angst.

Het tussendoortje na de middag mag een stuk fruit of yoghurt zijn. Als je tijdens de dag een inzinking krijgt, eet je beter een broodje met hesp en kaas dan een stukje taart wat (door het overaanbod van snelle suikers) een slaapverwekkend effect heeft. Pepmiddelen - thee, koffie, cola – mogen eventueel gebruikt worden in de vroege ochtend en kort na de middag om wat op te kikken.

2.4. Ontspannende voedingsmiddelen

Enkelvoudige suikers en meervoudige koolhydraten stimuleren de aanmaak van serotonine, een chemische stof in de hersenen die angstgevoelens binnen de 20 minuten wegneemt, en jou onspant. Deegwaren en yoghurt met een laag vetgehalte stimuleren de aanmaak van serotonine. Ze vormen een uitstekend voedingsalternatief voor snoepgoed en taart. Deze hebben weliswaar hetzelfde effect, maar bevatten ongewenste calorieën

Voedingswaren die slaapverwekkend zijn bevatten meestal veel suikers. Drink een glas frisdrank midden in de dag (buiten de maaltijd) en je zult binnen de 30 minuten een kalmerend gevoel krijgen: de suikers stimuleren immers de productie van serotonine.

's Avonds om makkelijker in te slapen, kies je beter voor caloriearme trage suikers (deegwaren, brood, aardappelen) in een redelijke hoeveelheid, want een langdurige spijsvertering verstoort je slaap. Het avondmaal is vaak de gezelligste maaltijd die je samen met je gezin neemt. Daarom is het belangrijk dat je de kwaliteit ervan verzorgt en zijn hoeveelheid controleert. 's Avonds werkt het organisme trager en hoef je geen grote voorraad op te slaan.

Later op de avond kan je bepaalde soorten thee (oranjebloesem, linde, kamille) en tisanes drinken om je te ontspannen.

Nog een woordje over zwarte chocolade: ze is uitstekend voor de gezondheid van de neuronen in de hersenen; ze levert suiker af en geeft je een aangenaam gevoel. De hypothese van een specifieke verslaving aan chocolade werd nooit bewezen, evenmin als haar zogezegd nefaste impact op ons gewicht.

2.5. Verstoorders van onze mentale batterij

Verzadigde vetten:
De verbranding van verzadigde vetzuren (vet vlees, spek, worst, vette kaas, mayonaise, gebak, snoepgoed,...) verbruikt een grotere hoeveelheid zuurstof waardoor de hersenen minder zuurstof krijgen.

Mentale doping:
Het is niet zomaar een gezegde: uw kopje koffie maakt uw neuronen echt efficiënter. Dit effect is te wijten aan de cafeïne die de productie van dopamine (belangrijke neurotransmitter) bevordert. Dopamine stimuleert het functioneren van uw brein, bevordert de behandeling van informatie en verbetert de memorisatie. Deze intellectuele excitatie is vooral voelbaar wanneer uw vermoeidheid groot is.

Eén kopje koffie bevat gemiddeld 100 gr cafeïne. Dat gemiddelde varieert natuurlijk naargelang de kwaliteit van de koffie.
Laat ons een grote tas nemen (150 ml):
- *robusta* = 100 à 250 mg cafeïne;
- *arabica* = 50 à 120 mg;
- *décaféiné* = 1 à 6 mg.

Vanaf een consumptie van 300 mg vervormt de 'op basis van dopamine gedopeerde geest' de werkelijkheid: uw interpretatie is vaak rooskleuriger dan de feiten. De verbetering van de concentratie gaat blijkbaar ten koste van luciditeit en objectieve analyse. Dr Peter Brugger van de Universiteit van Zurich heeft aangetoond in welke mate een vermeerdering van dopamine tot interpretatiefouten leidt. Ofschoon proefpersonen enkele dagen voor de test bepaalde zaken als fout hadden beschouwd gaven zij deze na het innemen van dopamine als waar aan.

Bij matig gebruik (max. 2 tassen/dag) verschaft koffie mentale energie op korte termijn. Bij overdreven gebruik (5 à 6 tassen/dag) produceert koffie een omgekeerd effect: het centrale zenuwstelsel ondervindt er hinder van, wat zich uit in lichte nervositeit en bevingen. Stress en zwaarmoedigheid nemen toe wanneer het effect van deze pepmiddelen stilvalt (na 1 u.30 vermindert het effect van cafeïne). Je komt in een vicieuze cirkel terecht: je gaat maar door!In sport wordt koffie als doping beschouwd vanaf 300 mg cafeïne. (equivalent van 12 microgram cafeïne/ml in de urine) Indien we alle op basis van koffie 'gedopeerde bedrijfsatleten' zouden moeten schorsen…

Alcohol:
Vernietigt de vitamine B in je lichaam, onmisbaar voor de opbouw van de voornaamste neurotransmitters.

2.6. De interactie tussen stress en voeding

Enerzijds versnelt stress de stofwisseling: dit verklaart waarom bepaalde voedingsstoffen sneller opgenomen worden dan andere. Anderzijds verzwakt stress het immuunsysteem. Een evenwichtige voeding moet dan ook zorgen voor een constante aanvoer van essentiële voedingsbestanddelen. Deze verstevigen ons afweermechanisme tegen stress gerelateerde ziekten. Enkele voorbeelden van de interactie tussen stress en voeding.

vermindering van de hoeveelheid vitamine C:
Korte periodes van stress kunnen de hoeveelheid vitamine C die we nodig hebben voor de goede werking van ons metabolisme doen dalen. Daarom is het raadzaam om elke dag een glas fruitsap (citroen) te drinken of citrusvruchten (sinaasappel, pompelmoes) te eten. Bouw dit in uw fysiologische pauzes in.

vermindering van de levensnoodzakelijke eiwitten:
Lange periodes van spanning kunnen leiden tot:

- een afname van de eiwitten, onmisbaar voor de weefselvorming;
- een afname van calcium, onmisbaar ter voorkoming van osteoporose;
- een tekort aan potassium, een belangrijk mineraal voor het spierweefsel en de vochtregeling in ons lichaam.

Compenseer deze tekorten door volgende zaken op het menu te plaatsen:

- 170 g /dag wit vlees, gevogelte of vis, voor een evenwichtige aanvoer van eiwitten;
- 710 ml/dag magere melk en één potje magere yoghurt, voor een evenwichtige aanvoer van calcium;
- 2 à 4 stukken fruit (bananen of sinaasappelen), of 2 à 4 porties groenten (zoals spinazie, champignons, kolen) voor een evenwichtige aanvoer van potassium.

2.7. Voedingstips in periodes van grote spanning

Varieer uw voeding
Een gevarieerde voeding staat garant voor de aanvoer van onmisbare voedingsbestanddelen die noodzakelijk zijn voor een goed functioneren, vooral in periodes van grote stress.

Zeg NEEN tegen suikers
Suikers verhogen de suikerspiegel en doen hem daarna dalen: zo creëren zij een gevoel van depressie en vermoeidheid. Een goed alternatief bieden hier complexe koolhydraten (fruit, granen, groenten).

Sla geen maaltijd over
U zou dan het risico lopen de chemische samenstelling van uw bloed te veranderen, bepaalde gevoelens van angst, depressie en vermoeidheid te accentueren.

Zorg voor vezels in uw voeding
Spanning werkt vaak op ons darmstelsel waar het krampen of verstopping veroorzaakt.
Vezels zorgen voor een goede darmtransit.

Vermijd fast-food
Calorierijk, vet, vol suikers, zout en met zeer weinig nuttige voedingsbestanddelen.

Forceer jezelf niet wanneer stress jouw eetlust remt
Drink wat meer water; doe geen te zware of te langdurige lichaamsoefeningen die uw metabolisme zouden kunnen destabiliseren.

Wees waakzaam wanneer stress uw appetijt vergroot
Eet traag en in kleine hoeveelheden, en kies nauwgezet wat je eet.

De Pareto

Onze hersenen nemen slechts 3 % van onze totale lichaamsmassa in, maar verbruiken wel 20 % van onze energie. Hun voornaamste brandstof bestaat uit zuurstof en glucose.

Voed je lichaam en je geest regelmatig opdat ze goed zouden functioneren. Ga van die weegschaal af. Het is veel belangrijker dat je jouw vetmassa kent dan jouw gewicht.

Stress verbruikt bepaalde vitaminen, eiwitten en andere mineralen in hogere mate: gebruik jouw voeding om deze aan te vullen.

Verminder tevens je alcohol - en koffieverbruik: boven de 600 mg cafeïne (ongeveer 5-6 normale tassen koffie) raakt je centrale zenuwstelsel verstoord.

De kernzin

Ik kies voor een evenwichtige levenshygiëne en voeding.

3. Lichaamsbeweging

"Hoe sterker het lichaam, hoe beter het gehoorzaamt; hoe zwakker het lichaam, hoe meer het beveelt", schreef J-J. Rousseau.

Eerste waarheid: Het menselijk lichaam is perfect uitgerust om te bewegen (dat lijkt nog niet iedereen te weten...).

Tweede waarheid: Het menselijk lichaam heeft behoefte aan beweging (sommigen zijn dat vergeten...).

Derde waarheid: 30 jaar veroudering hebben minder impact op je capaciteiten dan 3 weken fysieke inactiviteit.

3.1. Fysieke weldaden

Het menselijk lichaam wordt sterker door zich in te spannen. Dat is één van de vele paradoxen van onze fysiologie. In feite heeft training twee gevolgen: enerzijds is ze een bron van vermoeidheid, anderzijds verbetert ze je conditie. Deze twee variabelen stijgen enorm op het einde van elke inspanning, maar in een verschillend tempo. Nadat we gerecupereerd zijn, stellen we vast dat de vermoeidheid snel verdwijnt maar de conditiecurve stijgt, wat dus een positief saldo laat voor ons organisme.

Deze oplading van fysieke energie wordt aangevuld met een indrukwekkende lijst van positieve gevolgen voor de fysieke batterij:
- ontwikkeling van de spiertonus;
- verbetering van de hartcapaciteit;
- verhoging van de ademhalingscapaciteit;
- voorkoming van beenderontkalking (osteoporose);
- verbranding van de overtollige vetmassa (bij langdurige inspanningen);
- snellere genezing van wonden;
- afname van fysieke pijn;
- versterking van het immuunsysteem;
- verjongt en doet je er ook jonger uitzien.

Indien de farmaceutische wereld één pil kon maken die al deze voordelen biedt, het zou werkelijk een wondermiddel zijn.

De kans op een hartaanval wordt verminderd met:
- 42 % bij 2.30u fysieke activiteit per week,
- 21 % bij 1.30u fysieke activiteit per week.

Sommige verzekeringsmaatschappijen kennen premieverlagingen toe aan mensen die bewijzen dat ze regelmatig aan sport doen.

3.2. Psychische voordelen

Fysieke activiteit doet ook de psychische batterijen goed:
- Bevrijdt en ontspant de geest.
- Vermindert angst en symptomen van stress.
- Leidt je geest af van je zorgen.
- Verwijdert overtollige opwinding veroorzaakt door een opeenstapeling van spanningen.
- Vermindert tevens angstgevoelens en lichte depressies.
- Pept je op en maakt je goedgehumeurd.
- Vergroot je zelfrespect.

3.3. Hormonale stimulatie

Lichaamsbeweging stimuleert tevens de productie van endorfine die gekend is omwille van haar positieve impact op de moraal en haar pijnstillende eigenschappen. Dit hormoon dat aangemaakt wordt in de hersenen, helpt de fysieke inspanning vol te houden en weerstand te overwinnen. Endorfine is een natuurlijk kalmeermiddel. Na 20 minuten lichaamsoefeningen produceert het organisme endorfine, een natuurlijke morfine voor de hersenen, wat een gevoel van welzijn en ontspanning creëert.

3.4. Duur en frequentie

De eerste gevolgen van fysieke activiteit zijn reeds merkbaar als we de inspanning gedurende 20 à 30 minuten en minstens twee maal per week volhouden. De Wereldgezondheidsorganisatie (WGO) raadt aan om 30 minuten per dag uit te trekken voor lichaamsbeweging wat overeenstemt met een gemiddeld gezond verbruik van 150 calorieën per dag.

Wie allergisch is aan sport, kan dagelijks 30 minuten bewegen zonder te moeten trainen en baskets aan te trekken: een wandeling en een fietstochtje zijn ook een reëel verplaatsingsmiddel – vooral in de lente en in de zomer – en zorgen ervoor dat je in conditie blijft. Tuinieren, knutselen, trappen op - en aflopen, winkelen (volgeladen met pakjes...), schoonmaken, enz. zijn allemaal fysieke activiteiten die meetellen. Niettemin tonen de statistieken aan dat tussen 60 à 85 % van de mensen moeite hebben om de kloof van het vereiste minimumquotum van 30 minuten oefeningen per dag te overbruggen voor het behoud van een goede gezondheid.

3.5. De ene leeftijd is de andere niet

Hieronder vind je de tabel inzake de evolutie van de fysieke capaciteiten. Ze is louter indicatief want er kunnen aanzienlijke individuele verschillen zijn die te maken hebben met de gezondheidstoestand en het sociale milieu.
25-35 jaar: de mens zit aan zijn biologische en fysieke top. Het onderhoud van onze fysieke capaciteiten vertoont niet het minste gevaar of belemmering (tenzij het probleem om deze momenten af te schermen in je drukke agenda…).

35-45 jaar: De vetmassa van het lichaam neemt toe. Als we onze conditie tijdens dit decennium niet op peil houden, zullen we 5 à 10 kg verzwaren.

45-65 jaar: De vrouw komt in haar menopauze en de man heeft last van hormonale vertraging. Wie geen beweging heeft, zal zijn spierkracht versneld verliezen, en dit verlies kan makkelijk 25 % bedragen. Het geleidelijk verlies van spiermassa beperkt al snel jouw activiteiten wegens het verlies van kracht. Regelmatige training volstaat om de spieren terug op te bouwen, met dit voordeel dat stevige spieren de stabiliteit van de gewrichten verbeteren. Tja, het is eigenlijk een merkwaardige paradox: we gaan wat meer van het leven genieten, ons metabolisme verbrandt wat minder intensief, we komen dus wat kilootjes bij terwijl onze spieren in snel tempo verzwakken… Logisch dat er zoveel rugproblemen voorkomen!

65-75 jaar: Het laatste decennium stellen we vast dat gepensioneerden opnieuw meer lichaamsbeweging proberen in te bouwen en daar meer tijd aan lijken te besteden.

+ 75 jaar: Heel wat senioren lijden aan een zekere onbeweeglijkheid. De meeste bejaarden worden sterk afhankelijk van hun omgeving.

We verliezen onze soepelheid vanaf de leeftijd van 20 jaar (productie van elasticine vermindert gradueel) waardoor de omvang van onze beweging steeds verder afneemt. Een niet-sporter verliest 50 % tussen 20 en 60 jaar. Het is nochtans niet zo moeilijk om soepel te blijven als men maar *regelmatig rekoefeningen* doet in het kader van een fysiek activiteitenprogramma.

3.6. Veiligheidsregels

Een medisch sportonderzoek waarbij een cardioloog een elektrocardiogram maakt van je hartfuncties tijdens een inspanningsproef op de fiets of op de loopband is aanbevolen vanaf de leeftijd van 40 jaar voor mensen die van plan zijn om een (al dan niet intensief) trainingsprogramma aan te vangen.

Enkele nuttige tips:
Vermits de recuperatiefase tussen de 36 en de 48 uur duurt, mag je niet twee dagen na elkaar intensief trainen. Het geniale systeem van 'supercompensatie' (ingebouwd in ons lichaam) zorgt er voor dat je altijd net iets meer recupereert dan wat je verbrand hebt tijdens je laatste training. Het lichaam heeft ongeveer 48 uur nodig om alles weer op te bouwen na een hevige prikkel. Meer nog, het is genereus en anticipeert op een eventuele nieuwe prikkel door net iets meer te recupereren dan jouw energie bij aanvang. Indien je de periode van 48 uur recuperatie respecteert zal je nooit overtraind geraken, en kan je zeer snel terug een basisuithouding opbouwen.

Wie last heeft van overgewicht of gewrichtsproblemen (rug, knieën, enkels) kan best activiteiten met een geringe impact kiezen: wandelen, zwemmen, aqua gym, ... Wie weinig of niet getraind is, moet contactsporten vermijden om het risico van verwondingen tegenover beter getrainde atleten te vermijden.

3.7. Lichaamsoefeningen voor de vrouw

Statistieken tonen aan dat vrouwen veel minder lichaamsoefeningen doen dan de mannen. Minder dan één derde van de vrouwen doet regelmatig aan sport. Doch deze statistieken houden geen rekening met de fysieke activiteit die de vrouwen tijdens hun huishoudelijke en opvoedkundige bezigheden verrichten.

Het is evident dat de meeste vrouwen specifieke redenen hebben die hen beletten om regelmatig te gaan sporten: de vele professionele, familiale en educatieve verantwoordelijkheden, zwangerschap, ontbreken van sociale steun, ... om niet te spreken van de vrouwen die - vaak verkeerdelijk - (cf. mentale weerstand: overtuigingen) een negatief beeld van hun lichaam en conditie hebben zodat ze zich ongemakkelijk voelen in sportkledij, in een sportieve omgeving en kleedkamers.

Om deze obstakels te overwinnen en je te helpen terug op te starten en vol te houden, moet je eerste een globale winnerstrategie op punt stellen: je moet de *"ik ook"* versterken mits naleving van de prioriteiten van de "mentale versterking": doelstellingen vooropstellen (visie), je zelfvertrouwen verstevigen (zelfrespect) en in een vangnet voorzien (erkenning).

Kleine opeenvolgende successen voor de eerste doelstellingen op korte termijn zullen je zelfvertrouwen en je zelfrespect opkrikken (bijvoorbeeld: 5 km rustig joggen tegen een constante snelheid, 1 maal/week). Breng je echtgenoot, de kinderen of een vriendin op de hoogte van je microdoelstellingen en je vooruitgang zodat je hen er van op een afstand bij betrekt (steun). Je doet hen inzien hoe belangrijk deze activiteit is voor jouw welzijn en ze zullen je misschien zelfs aanmoedigen om je programma door te zetten.

Ziehier een paar concrete tips voor een aangepast programma:
- Doe in de mate van het mogelijke een aantal oefeningen 's morgens. Misschien zijn er dan minder belemmeringen en heb je meer energie.
- Stap enkele haltes te vroeg uit de metro en ga te voet verder.
- Kies één middag om te trainen indien de kinderen in goede handen zijn. (dit vergt waarschijnlijk extra organisatie)
- Sport thuis met een hometrainer of cassettes.
  En het belangrijkste, kies gewoon een sportactiviteit die je werkelijk bevalt. Plezier beleven, jouw inwendig vuur aanwakkeren, sociale contacten leggen zijn ook redenen om actief te blijven.

3.8. *Spaar je rug*

Een goede houding verschilt naargelang je in een zetel zit, op een bureaustoel of in een autozetel. Het is steeds raadzaam om je rug tegen de zetel aan te drukken zodat je een betere lendensteun hebt. Om een last op te heffen, moet je jouw rug niet voorover buigen, maar door de knieën buigen en de beenspieren wat harder doen werken.
Je werkhouding:
- voeten plat op de grond;
- benen geplooid in een hoek van 90° of meer;
- kuiten ontspannen.

Werken op een klavier en PC-scherm:
- voorarmen evenwijdig met de vloer, schouders en armen ontspannen;
- ogen ter hoogte van de bovenkant van het scherm;
- rechte rug, lendenwervels goed ondersteund door de onderkant van je stoel.

Voorzie regelmatig korte onderbrekingen: sta recht en zet enkele stappen, maak van de gelegenheid gebruik om oefeningen te doen die je spieren ontspannen en je lichaam versoepelen.

3.9. Persoonlijke evaluatie

3.9.1. Test 1 – Hartritme in rust

Als je wakker wordt, meet je vóóraleer op te staan je polsslag door gedurende 1 minuut twee vingers op de halsslagader of op je pols te plaatsen. Je polsslag bedraagt:
- minder dan 55 slagen/min.: Je heb het hart van een sportman.
- tussen 56 en 69 slagen/min.: Je hart is goed getraind, je hebt ongetwijfeld een goede fysieke conditie; ga zo door.
- tussen 70 en 75 slagen/min.: Middelmatig resultaat; dat moet verbeteren.
- meer dan 75-80 slagen/min.: Je hartritme is te hoog: misschien drink je teveel koffie of rook je teveel, misschien heb je niet voldoende beweging.
- meer dan 90-100 slagen/min.: Je hebt last van tachycardie; raadpleeg een dokter.

3.9.2. Test 2 – Recuperatie van je hart

Recupereert je hart goed?
- Neem je polsslag in rust gedurende 15 seconden. Vermenigvuldig het verkregen cijfer met 4: je hebt *P 1* (polsslag in rust).
- Verricht gedurende 45 seconden 30 buigingen aan een regelmatig tempo. Onmiddellijk daarna neem je nogmaals je polsslag gedurende 10 seconden. Vermenigvuldig dat resultaat met 6: je krijgt *P2* (vermogen van je hart om zich aan een inspanning aan te passen).
- Eén minuut na het einde van de oefening, neem je nogmaals je polsslag gedurende 15 seconden. Vermenigvuldig nu met 4: je hebt *P3* (recuperatievermogen van je hart).
- Maak dan de berekening ($P1 + P2 + P3$) en deel door 40: je bekomt een cijfer tussen 0 en 15.

Dat is jouw "recuperatie-index".

Situeert deze index zich tussen:
- 0 en 5: Je bent in goede conditie.
- 5 en 10: Correct, 10 kan er nog net mee door; doe een uithoudingsport.
- 11 en 15: Je hebt niet genoeg beweging. Je hart raakt snel vermoeid en jij ook! Leer opnieuw wat meer te bewegen.

3.10. Sport in openlucht

De specialisten zijn het er unaniem over eens: uithoudingssporten brengen het meeste profijt in termen van gezondheidskapitaal. Omdat ze het hart en de voornaamste spiergroepen langdurig maar met een matige intensiteit op de proef stellen. We geven je een aantal voorbeelden van aanbevolen sporten.

- JOGGING: Ideaal om jouw cardio-respiratoir stelsel te ontwikkelen.
  Te vermijden bij overgewicht, gewrichtsproblemen of cardiovasculaire problemen.
- FIETSEN: Perfect voor de algemene fysieke conditie en het trainen van je dij - en beenspieren. Geen noemenswaardige contra-indicaties.
  Gewrichten worden hier meer gespaard dan bij het joggen: een aanrader voor mensen met overgewicht die terug beginnen trainen.
- ZWEMMEN: Uitstekend voor de algemene fysieke conditie.
  Het lichaam wordt lichter in het water zodat deze sport geschikt is voor mensen die gewrichtsproblemen of astma hebben.
  Er worden heel wat spiergroepen gebruikt naargelang de technieken die je toepast. Geen contra-indicaties.
- WANDELEN: Minimum 30 minuten goed doorstappen zonder te stoppen, twee à drie maal per week. Geen risico op verwondingen; is geschikt voor elk niveau en voor elke leeftijd. Aanbevolen voor wie overspannen is, mensen die last hebben van artrose aan de knieën of die een infarct gehad hebben.

3.11. Prioriteiten van de lichaamsoefeningen

1. Vooreerst de buikspieren verstevigen (om de rug beter te ondersteunen):
   - vijf reeksen van 10 à 20 buikspieroefeningen 3 maal per week.

2. De soepelheid van jouw spieren verhogen om kwetsuren te vermijden door een aangepast stretchingschema:
   - Sowieso 10 minuten uitrekken na elke fysieke training.
   - Elke spierzone uitrekken gedurende 20 seconden. In geval van stretching zonder voorafgaande lichamelijke oefeningen, begin je steeds met een opwarming van 5 à 7 minuten vóór het uitrekken (om kwetsuren te voorkomen).

3. Cardio-respiratoire oefeningen:
   - Wandelen, joggen, fietsen en zwemmen zijn allemaal aërobe oefeningen wanneer je ze kunt doen zonder buiten adem te raken. Als je traint ver-

hoogt het hartritme en neutraliseer je bovendien de stress van de voorbije dag.
- Een simpele wandeling van 20 à 30 minuten per dag kan volstaan om je stress te verminderen.
- 2 à 3 sessies van 30 minuten per week volstaan.
- Inhoud van een cardio-sessie voor de beter getrainde bedrijfsatleet: bepaal jouw maximale hartritme: 220 – jouw leeftijd = ...
  De aërobe grens bepaal je door ± 65 % van jouw maximale hartritme te nemen: de zuurstof geraakt hier nog op tijd in de spieren wat nodig is om voor een goede verbranding te zorgen.
- De anaërobe grens bepaal je door ± 85 % van jouw maximale hartritme te nemen. Hier loop je aan een veel hoger ritme waarbij de zuurstof niet meer op tijd in de gewenste plaatsen geraakt: de verbranding gebeurt dan ook minder goed (met melkzuur als gevolg), en vermoeidheid treedt sneller op.

Begin met 8 à 10 minuten aërobe inspanning aan ongeveer 65 % van je maximale hartritme (= onderste grens van je aërobe zone);
Daarna 15 à 20 minuten inspanning met tussenpozen tussen de onderste (65 %) en de bovenste (85%) grens van je aërobe zone (zie "aërobie" in het glossarium, achteraan in het boek).

Voorbeeld: iemand van 50 jaar heeft een maximale hartslag = 220 – 50 = 170.
In de opbouwperiode zal hij enkele weken lopen rond de 110 slagen per minuut (65%). Dit is niet snel (jogging) maar volstaat om terug een basis te leggen. Probeer dit tot 3 x in de week telkens een 30 minuten te doen om een goede vooruitgang te boeken. Nadien kan er overgegaan worden naar de iets zwaardere looptrainingen waar je tegen een hogere hartfrekwentie loopt (tot 85 %). Het spreekt voor zich dat je hierbij best voor een professionele begeleiding zorgt.

4. Kracht en algemeen uithoudingsvermogen van het spierstelsel:
   - 2 à 3 sessies van 30 à 45 minuten per week;
   - de krachtoefeningen nooit 2 dagen na mekaar doen (ook onze spieren moeten recupereren).

3.12. Wekelijkse regelmaat

- 3 maal buikspieroefeningen per week (= 3 x 10'): totaal 30 min./week;
- 3 maal 30 minuten cardio per week: totaal 90 min./week;
- 2 maal per week: spierkracht en stretching: totaal 60 min./week.

Minimum wekelijks totaal: 180 min. = 3 uur fysieke inspanning per week. Met dit aantal onderhouden we onze fysieke capaciteiten. Om ze te ontwikkelen moet je meer oefenen en het soort training aanpassen.

3.13. Algemene tips

- Drink regelmatig voor, tijdens en na de inspanning.
- Eet licht, en iets meer gezouten na een inspanning waarbij je veel getranspireerd hebt.
- De warmte van de zon (of een verwarmende zalf) warmt je spieren niet op: een opwarming hoort er altijd bij.
- Draag aangepaste schoenen en kledij volgens het soort inspanning dat je doet.
- Na de inspanning trek je onmiddellijk een droge T-shirt aan om te vermijden dat je te sterk afkoelt.
- Een gezonde geest hoort in een gezond lichaam. De ondernemingen moeten inzien dat het fysieke welzijn van hun medewerkers belangrijk is!

De Pareto

Lichaamsoefeningen laden je energie enkel op als je ze regelmatig doet. Ze stimuleren ontladingen van endorfine die voor ontspanning en een gevoel van welbehagen zorgen.

Je moet minstens 3 uur per week oefenen om je fysieke capaciteiten te onderhouden.

Geef voorrang aan buikspieroefeningen om eerst je rug te versterken en te beschermen, daarna pas aan de cardio-respiratoire oefeningen om je hart en je ademhaling te verbeteren.

Vrouwen hebben het moeilijker om aan sport of lichaamsbeweging te doen. Ze moeten hun omgeving erbij betrekken en concrete doelstellingen vooropstellen die ze op korte termijn kunnen realiseren.

Via een test van persoonlijke evaluatie kan je het niveau van je fysieke conditie berekenen.

De kernzin

Ik doe regelmatig lichaamsoefeningen.

4. Humor

Onze zonen Maxim en Max, 4 en 6 jaar, lachen 400 maal per dag. En jij? We lachen steeds minder: 19 minuten per dag in 1939, 6 minuten in 1980 en tegenwoordig minder dan … 4 minuten! Aan wie ligt dat? Aan de wereld die te ernstig geworden is, aan de vele zorgen, aan neerslachtigheid? Nochtans is het oude gezegde dat de lach de beste medicijn is, wetenschappelijk bewezen. We moesten evenwel wachten op de moderne technologieën voor bloed - en hormonenanalyse om de heilzame fysiologische werking van de lach te begrijpen.

4.1. Humor en communicatie

- Een baby kan al lachen vooraleer hij praat. Lachen werkt als een 7e zintuig. Het is een universeel verschijnsel dat zich aanpast aan alle vormen van communicatie want het heeft geen woorden nodig om zich uit te drukken.
- Het merendeel van mannen en vrouwen verkiezen om samen te wonen met iemand die een goed ontwikkeld gevoel voor humor heeft. Het leven is minder hard als je een vrolijke partner hebt. 95 % van de volwassenen beschouwen humor als een essentiële eigenschap voor hun partner.
- Ondernemingen werven liever iemand aan die gevoel voor humor heeft. In geval van crisis zal deze persoon wat olie op de tandwielen gieten en evenwicht brengen in de ploeg in plaats van olie op het vuur.
- Maar ook de lach werd het slachtoffer van sociale repressie. In de stijve Britse ondernemingen van de XIXe eeuw stond lachen niet goed aangeschreven. Het kwam niet ernstig over en wees op een gebrek aan zelfcontrole. Dat is spijtig genoeg een zienswijze die nog altijd niet uit onze mentaliteit verbannen is.

4.2. Humor en lachen

- Lachen is nog geen humor. De lach is een spontane fysiologische reactie op een interne of externe impuls. Het is een aangeboren reactie: een baby lacht zonder dat hij iemand dat heeft zien doen.
- Humor is veeleer een aangeleerd proces dat het lichaam en de geest voorbereidt op de lach of de glimlach.
- Het is een verworven mentale eigenschap die zich ontwikkelt of verstart volgens onze kijk op de gebeurtenissen. Het is dus geen gave, maar een speciale manier om de zaken vanuit diverse ooghoeken te interpreteren en te belichten.

- Een gevoel voor humor hebben betekent niet grappen kunnen vertellen. Sommige mensen zijn grappig zonder dat ze veel zin voor humor hebben. Humor hebben betekent dat je alles door een andere bril gaat lezen en interpreteren.
- Iedereen kan een goed gevoel voor humor hebben en zich daarin trainen: we kunnen het ontwikkelen door de realiteit op onze eigen manier te vervormen.

4.3. Gevoel voor humor

- *Heb jij gevoel voor humor?* Wanneer ben je het kwijtgespeeld? In je kindertijd, voor het schoolbord, toen je het mikpunt werd van pesterijen door je klasgenootjes van 6 jaar? Of heb je gewacht tot de avond vóór je huwelijk (hm, hm...)?
- Kinderen ontwikkelen hun gevoel voor humor vanaf de leeftijd van 18 maanden wanneer ze zelfstandig beginnen te worden (lopen – praten). Ze zijn verzot op de "boe's" van hun ouders en op het eeuwige verstoppertje spelen onder de dekens. Ze zijn vragende partij want het is hetzelfde mechanisme dat hen steeds weer naar verhaaltjes doet vragen: om de wereld anders te leren interpreteren.
- Een kind van 4 jaar lacht gemiddeld 500 maal per dag. Een volwassene lacht gemiddeld 15 maal per dag (en sommigen doen het gemiddelde nog zakken!).
- Trouwens, 95 % van de mensen menen dat hun gevoel voor humor het gemiddelde overschrijdt. Waarom ligt het dan in realiteit zo laag?
- Gebrek aan humor is één van de drie dingen die we niet makkelijk toegeven: slecht rijden en slecht vrijen zijn de andere twee.
- Vreemd genoeg laat ons gevoel voor humor ons vaak in de steek wanneer we in een hachelijke situatie belanden waarin we het juist hard nodig hebben. Nochtans kan lachen kunstmatig opgewekt worden zelfs al staat je hoofd er niet echt naar (zie praktische tips).
- Als je somber gestemd bent, pak je de zaken best kortdaad aan: lachen doet het meest deugd als je er niet echt zin in hebt.

4.4. Fysiologische gevolgen van de lach

Terwijl het bewezen is dat een langdurige blootstelling aan negatieve emoties belangrijke fysieke problemen kan veroorzaken, blijkt ook dat positieve emoties diezelfde ziekten kunnen voorkomen of genezen! Lachen is gezond.

- De **ademhaling** speelt de grootste rol. Als we lachen wordt de lucht aan 120km/uur naar buiten gestuwd waardoor de hersenen extra zuurstof krijgen. Zij hebben die zuurstof en glucose nodig om optimaal te functioneren. We zouden diezelfde positieve effecten slechts kunnen bekomen door intensieve lichaamsoefeningen.
- Fysiologisch verhoogt de lach de productie van catecholamines (o.a. adrenaline en noradrenaline). Hij stimuleert o.a. de producties van endorfine en aanverwante kalmerende en ontspannende hormonen die chemisch nauw verwant zijn met bepaalde opiumderivaten (heroïne en morfine). Hij functioneert als een natuurlijk opium voor het lichaam en als enige doping die toegestaan is.
- Lachen zorgt er ook voor dat de aanmaak van immunoglobine A in de speekselklieren gevoelig stijgt. Het gaat hier over een essentieel eiwit van ons immuunsysteem dat de basis legt voor onze basisverdediging tegen aandoeningen van de luchtwegen.
- Er worden ook tal van complexe mechanismen geactiveerd om virussen en parasieten te vernietigen, het groeihormoon te reguleren, bepaalde kankercellen te bestrijden: deze mechanismen verhogen immers het aanpassingsvermogen van ons immuunsysteem.
- De spierrelaxatie die volgt op de lach vermindert fysieke pijn. Eén minuut lachen staat gelijk met 45 minuten relaxatie. Als we alle registers van de lach opentrekken, gaan we zover dat we het in onze broek doen. Als we de slappe lach krijgen, hebben we het gevoel dat we ergens steun moeten zoeken omdat we staan te trillen op onze benen!

4.5. De heilzame werking van de lach

De chemie van de hersenen verklaart het gevoel van welbehagen en soms van extase dat lachen veroorzaakt.
Lachen werkt ook aanstekelijk: een glimlach doet ook anderen glimlachen. Mensen die vaak lachen maken makkelijker contact. Naast het fysiek welbehagen heeft de lach ook een positieve invloed op onze psychische ingesteldheid. De noradrenaline die vrijkomt bij lachen maakt ons scherper van geest en verbetert ons leerproces! Hij verbetert het **geheugen** en ontwikkelt onze **creativiteit**...

In zijn boek "Anatomy of an illness", beschrijft Norman Cousins die aan chronische artritis leed, zijn persoonlijke therapie door de lach.
Wetend dat noradrenaline een kalmerende werking heeft op zijn pijn, verzorgde hij zichzelf door naar komische video's te kijken. Elke lachsessie van 10 minuten verzachtte zijn lijden gedurende 2 uur. Het meest fascinerende aspect van deze ervaring was dat de effecten zich opstapelden waardoor hij langzaam opnieuw gezond werd.

Deze gelukkige ervaring volgde op onderzoeken uit de jaren '60 waarbij de wetenschappers ontdekt hadden dat patiënten die (stimulerende) injecties met adrenaline gekregen hadden vaker lachten met grappige tekeningen dan patiënten die (kalmerende) injecties met serotonine gekregen hadden. Bovendien had één van die patiënten die aan artritis leed opgemerkt dat deze injecties een gunstige invloed hadden op zijn pijn. Norman Cousins verkoos echter om van deze injecties af te zien en creëerde een humoristische omgeving waardoor die hormonen op een natuurlijke wijze en op het gewenste moment aangemaakt werden.

- Het chemische profiel van de lach leunt sterk aan bij dat van de inwendige positieve staat (I.P.S.). Herinner je jezelf nog dat noradrenaline bij de meeste eigenschappen van de IPS teruggevonden werd?!
- Lachen veroorzaakt een heuse inwendige explosie die een enorme recuperatiegolf veroorzaakt.
- Het is zowel een respiratoire relaxatie als een buitengewone fysieke en mentale ontspanning.

4.6. Soorten humor

- Vermijd humor die gericht is naar of tegen personen. Sarcasme en ironie kunnen je persoonlijke relaties langdurig schaden terwijl ze je slechts een kort moment van plezier bezorgen.
- Aarzel niet om zelfspot te gebruiken. Zo leer je niet alleen afstand nemen van je eigen gebreken, maar zal dit ook aanstekelijk werken naar de anderen toe.
- Een andere efficiënte techniek die je in het begin kunt aanwenden is het tegenovergestelde zeggen van wat je bedoelt: de baas zegt bijvoorbeeld tegen zijn secretaresse die bedolven is onder het werk: "Juffrouw vermits ik zie dat u toch niets te doen heeft ...".
- Bij gebrek aan inspiratie vraag de mensen naar hun tweede en derde voornaam. Dat geeft vaak aanleiding tot grappige toestanden.

Humor is een gemoedstoestand en een ingesteldheid waarvoor je een bepaalde context moet creëren. Door training leer je bepalen welk moment daarvoor geschikt is, wanneer het tijd is om plezier te maken en welke stijl je best gebruikt. Als je éénmaal die gewoonte aangenomen hebt, zal je elke dag nieuwe bronnen van humor ontdekken. Doordat je geest ingesteld is op humor zal je de geschikte gelegenheid eruit weten te pikken. In het begin heb je nog wat schrik voor de reacties van de anderen.

Begin met je vrienden, je naasten, zij die van je houden; doe het niet in een vijandige omgeving, tenzij je al wat ervaring opgedaan hebt. Test dit eerst uit met één of twee vrienden of collega's.

Bevrijd jezelf van schuldgevoelens. Humor is gezond voor de geest. Kunnen lachen is een teken van mentale en emotionele gezondheid. Het bewijst dat we in staat zijn om te relativeren en afstand te nemen. Als ons gevoel voor humor verdwijnt, is mentale moeheid nooit ver weg.
- Humor aanmoedigen is een ernstige zaak als je ziet welke voordelen je er uit kunt uithalen.
- Sta open voor grappige anekdotes.
- Onthoud ze.
- Durf ze verder te vertellen.

4.7. Bibliotheek van grappige beelden

- Vrolijke gedachten zijn de eerste stap: zij leiden tot humor en daarna tot lachen.
- Probeer de grappige situaties die je zijn bijgebleven te onthouden. Het kan gaan om een amusant voorval in je leven (slappe lach) of om een passage uit een film of boek die je heel grappig vond.
- Sla dit tafereel op in je geheugen door het te associëren met een bijpassende emotie (blijdschap, goed humeur). Stel je mentaal in op deze scène of beeld door je te concentreren op je ademhaling. Het is belangrijk dat je een (mentale) visualisatie combineert met de aangepaste ademhaling aan de lach (fysiek): hortend ademhalen in het begin, onhoorbaar en ritmisch. Daarna sneller en luider ademhalen.
- De lach geleidelijk laten komen ondersteund door beelden;
- In het begin forceer je de lach een beetje (doen alsof). Door training gaat het steeds vlotter.
- Stel een minibibliotheek van grappige beelden samen die je kunt aanspreken telkens als de situatie zich ertoe leent.

4.8. Visualisatie

Als je geen sterke beelden uit je verleden kunt ophalen, probeer dan de volgende oefening:
- Ontspan jezelf met muziek door je te concentreren op je ademhaling. Zittend of rechtstaand, dat heeft geen belang.
- Beeld jezelf in dat je gekieteld wordt door minuscule vingertjes, eerst op de huid, dan dieper.

- Beweeg je lichaam als reactie op dat gekietel. Adem hortend in, steeds dieper.
- Laat de lach komen, begin te lachen, eerst zachtjes dan steeds harder.

4.9. Memoriseren

"Ik kan geen enkele grap onthouden!" Een mager excuus. Het geheugen kan getraind worden.

- Noteer één of ander sleutelwoord van de anekdote op een stukje papier.
- Vertel ze eerst in een beperkte vriendenkring.
- De praktijk bevordert je geheugencapaciteit en training verhoogt de kwaliteit van je vertelkunst (intonatie, mimiek en gebaren).

4.10. Intonatie

Met wat oefening kun je meer dan 50 verschillende tonen ontwikkelen waarmee je alle emotionele registers kunt opentrekken: van licht tot plechtig, van ernstig tot belerend, door de stem van diverse personages te imiteren. Variatie van toon verhoogt de impact van je verhaal.

4.11. Omgeving

- Zoek humor waar hij te vinden is: kranten, tijdschriften, stripverhalen, cinema.
- Vul je leef- of werkruimte met deze tijdschriften of stripverhalen (WC, wachtzaal).
- Wek humor op, moedig moppentappers aan, en luister goed om te tonen dat je belangstelling hebt.
- Nu je wat beter getraind bent, kan je zelf moppen gaan vertellen.

De Pareto

De lach is een inwendige explosie.
Humor verandert je innerlijke chemie.
Elke lachbui is een golf van recuperatie.

Als je de voordelen ervan inziet, besef je dat je humor ernstig moet nemen.
Gevoel voor humor hebben betekent niet alleen grappen kunnen vertellen.

Lach in je privé-leven maar ook op kantoor.
Lachen zorgt ervoor dat je fysiologisch helemaal ontspant.
Als je niet minstens 20 maal per dag lacht, zit je onder de zwaarmoedigheidgrens.

De kernzin

Ik stimuleer humor en moedig goed humeur aan.

5. Actieve en passieve ontspanning

Doel: Enkele malen per week een rustgevende omgeving creëren om de stresscycli gestructureerd en regelmatig te doorbreken. Door regelmatig plezier te maken, investeer je in jouw positieve emoties; je moet dit voor jezelf programmeren.

Verzet je zinnen. Plaats je lichaam regelmatig in een toestand van *niet-spanning*. Las midden in je drukke werkrooster op geregelde tijdstippen een moment van rust en sereniteit in. Neem enkele eenvoudige reflexen aan: gun jezelf af en toe een pauze en ontspan jezelf meermaals per dag: schouders, rug, voorhoofd, kaken, handen...

5.1. Actieve ontspanning

Dit zijn activiteiten die (relatief)weinig energie vergen, en de cycli van fysieke, emotionele en mentale stress doorbreken door gewoon wat lichamelijke inspanning te doen.

Voorbeelden:
- yoga
- Shia-Tsu
- Tai-Chi (reeds intensiever!)
- stretching
- vissen
- wandelen
- sportactiviteiten (rustig, niet competitief): joggen, fietsen, tennissen, golfen, zwemmen, trektochten, ...

5.2. Passieve ontspanning

Activiteiten die minder energie vergen, die de cycli van fysieke, emotionele en mentale stress doorbreken en weinig lichamelijke inspanning vragen.

Voorbeelden:
- massage, etherische oliën;
- heet bad;
- middagdutje;
- meditatie;
- diepe ademhalen;
- muziek, ontspannende CD's beluisteren, ontspannende aroma's;

- lezen;
- tv kijken;
- naar de film gaan.

Over al deze onderwerpen bestaan tal van goed geïllustreerde werken. Als je een beetje lichaamsbeweging neemt, geef dan de voorkeur aan actieve ontspanning om je lichaam zijn regelmatige dosis beweging te gunnen.

De Pareto

Gun jezelf tijd en zorg voor jezelf, hetzij actief door te sporten, wandelen, winkelen of knutselen, hetzij passief door te lezen, muziek te beluisteren, massage, sauna…

De kernzin

Ik neem tijd voor mezelf en voor mijn ontspanning.

6. Psychische voldoening

Je bent stipt, betrouwbaar en van je woord? Dat is goed. Maar dat is bijlange niet voldoende. Wees ook creatief en gepassioneerd! Je wilt ook zelfstandig zijn? Uitstekend. De directie zal je daarin trouwens aanmoedigen. Doch zonder aan te geven waar je autonomie precies ophoudt. Je moet zien te overleven met vage limieten, onduidelijke hiërarchieën en bedekte regels. Je moet snel kunnen beslissen en de gevolgen daarvan dragen. De meeste werknemers willen dit soort intrigerend werk omdat zij dat als verrijkend beschouwen.

Doch anderen vragen enkel een loon voor een duidelijk omschreven taak en vinden hun ontwikkeling en hun evenwicht voornamelijk in hun privéleven, bij het gezin en hun vrienden.

Wie van beide groepen heeft het juist voor? Moet er trouwens überhaupt iemand gelijk hebben? Het moge duidelijk wezen, wanneer je over persoonlijke motivatie spreekt kom je op persoonlijk domein waar de verschillen enorm zijn, en meestal gerelateerd aan de persoonlijke waarden…

6.1. Erkenning

Motivatie draagt ook een affectief, emotioneel aspect in zich. En dat affectieve element is niet eindeloos rekbaar. De emotionele batterij kan jou enorm veel energie geven, maar ze is tegelijkertijd de meest fragiele van de drie.

Hoe sterker een medewerker gemotiveerd is, hoe kwetsbaarder hij wordt, want dit emotionele engagement moet het evenwicht met de overige engagementgebieden bewaren: het privé - en het sociale leven.

Om dit emotionele engagement op te waarderen en deze persoonlijke inzet van het individu te compenseren, is er dus erkenning nodig. Veel en niet alleen financieel. Wanneer ze nooit enige blijk van erkenning krijgen, ontstaat er een tekort: het energieniveau zakt, en de motivatie ebt weg: "Waarom zou ik me inspannen, er is toch niemand die het merkt!".

6.2. Satisfactors > < Motivators

Zowel in de sport, de bedrijfswereld als in enige andere vorm van activiteit onderscheidt de kwalitatieve analyse van de mentale boosters twee aparte groepen: de interne factoren en de externe factoren (zie schema).

Figuur 18: factoren van voldoening en motivatie

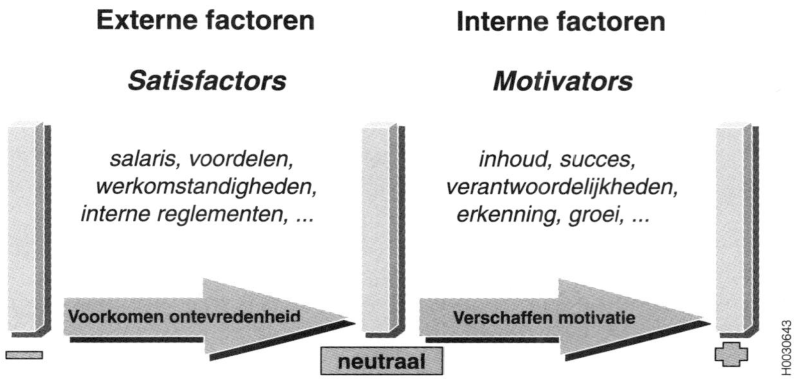

De externe factoren hebben te maken met materiële zaken, zoals het loon, de werkomstandigheden, de voordelen of de interne reglementen. We noemen ze "satisfactors".

De interne factoren hebben eerder een immateriële waarde, zoals morele erkenning, verantwoordelijkheid, succes, jobinhoud of groeiperspectieven. We noemen ze "motivators".
De 'motivators' zijn krachtiger dan de 'satisfactors'. Nochtans zijn deze laatste onmisbaar: hun afwezigheid zou voor ontevredenheid zorgen waarop je onmogelijk motivatie kunt bouwen.
Elke omkadering van individuen moet minstens voorzien in de externe factoren, maar ook rekening houden met de interne factoren want enkel zij houden de motivatie in stand.

Bij wijze van memento hebben wij hier 10 mentale energieboosters bij elkaar gebracht waar elke kapitein van een ploeg rekening mee zou moeten houden. De drie belangrijkste zijn:

1. Duidelijke visie: Maak samen duidelijke en realistische doelstellingen.
2. Self-esteem: Geloof in jezelf en geef ook de anderen de kans om te leren en te groeien.
3. Erkenning: Bedank en feliciteer de mensen binnen jouw team persoonlijk en op regelmatige basis.

De andere zeven energieboosters zijn:

- Maak tijd vrij om naar je medewerkers te luisteren.
- Creëer een open en vertrouwelijke omgeving.
- Verstrek alle informatie (ook inzicht in resultaten, strategieën, organisatie).

- Betrek je medewerkers zoveel mogelijk in jouw beslissingen.
- Beloon de beste performers.
- Ontwikkel verantwoordelijkheidsgevoel en integriteit (respect voor eigendom ook al is het geleased door het bedrijf...).
- Vier successen (onderneming, afdeling, individuele).

De Pareto

We hebben het allemaal nodig om af en toe onze psychologische behoeften te bevredigen.
Dit kan bijvoorbeeld in de vorm van erkenning voor geleverd werk binnen onze beroepsactiviteit.

Maak een onderscheid tussen de externe factoren (loon, werkomstandigheden) die ontevredenheid voorkomen en de interne factoren (erkenning, projecten, verantwoordelijkheden) die echt voor motivatie zorgen.

Deel regelmatig "dankwoordjes", "bravo's" en "felicitaties" aan je medewerkers uit.

De kernzin

Ik neem tijd voor mezelf en voor mijn ontspanning.

7. Sociale contacten

De emotionele batterij is de minst stabiele van de drie. Ze kan in enkele ogenblikken leeglopen vanwege een conflict of ruzie, maar ook vliegensvlug weer opladen door één woord of een blik. De twee belangrijkste barometers van de emotionele batterij zijn het gevoel van veiligheid en het gevoel van zelfrespect. Het zijn de voornaamste tekens van emotioneel welzijn. Hun aanwezigheid vertaalt zich in een toename van de positieve emoties.

7.1. Behoefte aan relaties

Onze behoefte aan relaties is één van de drie niveaus die we terugvinden op de schaal van de behoeften. (cf. infra: Alderfer) De mens is van natuur uit geneigd om affectie te zoeken. Hij voelt dat hij nood heeft aan harmonieuze relaties met zijn omgeving, vrienden en collega's want dit schept emotionele en sociale banden die hem menselijke warmte en bescherming bieden. Het bestaan en het onderhoud van deze hechte banden versterken zijn gevoel van zelfrespect en veiligheid. Sterke affectieve banden zijn vooral heel waardevol als het wat minder goed gaat in het leven

Soms is het makkelijker om zelf lief te hebben dan zich te laten liefhebben. Nochtans geeft het besef geliefd te zijn een enorme boost aan ons zelfvertrouwen. Niets kalmeert beter de stress dan het gevoel dat we geliefd zijn. Denk dus niet te snel dat de ander dat wel weet (dat je hem/haar graag ziet) en dat hij/zij je kan vertrouwen. Zeg het meermaals. Wees duidelijk. Je kunt het nooit genoeg doen.

7.2. Emotioneel evenwicht

Sociale activiteiten, hechte vriendschappen, kwaliteitstijd met het gezin, openstaan voor anderen, … Het net van sociale relaties is tevens het vangnet van ondersteuning waar je jouw problemen met iemand kan delen. Praat vrijuit over jouw inwendige spanningen. Communiceren geeft je meer vat op de dingen en helpt je ze terug op hun plaats te zetten. We kunnen relativeren door onszelf met anderen te vergelijken in een gelijkaardige situatie. Een stabiel sociaal leven en een goede werksfeer bieden werkelijk steun in moeilijke momenten.

Wanneer we ons ongerust maken over een bepaalde toestand of een gebeurtenis, kan onze stress immers snel toenemen; Wanneer we er met niemand kunnen over praten komen we makkelijk in een negatieve spiraal terecht van "Wat baat het? Niemand trekt het zich aan", tot "Niemand begrijpt mij" om te eindigen bij het bekende "Niemand houdt van mij".

Sociale contacten stellen ons in staat om deze irrationale emotionele escalatie te vermijden. Anders zouden we ervan overtuigd kunnen raken dat ons onvermogen om de gebeurtenis van ons af te zetten een blijk van zwakheid is waarvoor we beschaamd moeten zijn en die we verborgen moeten houden.

7.3. Versterking door emotionele stimulatie

Het is echt bemoedigend als je iemand hebt die met veel empathie naar je luistert en in wie je vertrouwen kunt hebben. Het is geruststellend te weten dat iemand je moreel zal steunen als je hem dat vraagt. En het is vooral belangrijk om weten dat die mogelijkheid er is als je er behoefte aan hebt.

We kunnen niet bij iedereen in de smaak vallen. Geef je netwerk van relaties meer waarde door om te gaan met positieve mensen die het goed met je menen. Verwijder de kwaadwillige energievreters die jou door hun kritiek trachten neer te halen. Een echte vertrouwensrelatie laat je toe om jezelf te zijn. Je hoeft geen masker meer op te zetten. Je bent bevrijd van de schrik voor het oordeel van de anderen. Wat een opluchting om jouw beste rol, de echte IK te kunnen spelen!

7.4. Neem initiatief

Als je geen gezin of weinig of geen intieme vrienden hebt moet je jouw sociale cirkel uitbreiden met nieuwe activiteiten. Zet zelf de eerste stap. Bied je steun aan anderen: misschien zullen zij deze ooit teruggeven. Opening brengt opening. Ook omgekeerd! Initiatief nemen is nooit gemakkelijk. Je moet een bewuste stap naar buiten zetten en zelf een inspanning leveren tot openheid en ontvankelijkheid.

Paradoxaal kunnen sociale contacten zowel een oplading van emotionele energie als een ontlading van diezelfde energie teweegbrengen. Communiceren kan een bron van stress zijn. Om dat te voorkomen:
- Praat en discuteer openlijk over de problemen voor zover dat mogelijk is.
- Vraag regelmatig het advies van je omgeving, je collega's en de andere ploegen. Laat ook anderen de kans om zich te uiten: luister naar hen tot het einde ook al weet je dat je het niet met hen eens bent.

- Aanvaard dat je niet altijd gelijk hebt. Aanvaard dat het kan voorvallen dat de andere het niet met je eens is.
- Weet dat je het recht hebt om jezelf te vergissen.

7.5. Isolement en depressie

Recente studies over thuiswerk hebben uitgewezen dat wie langer dan twee dagen per week thuis werkt, minder productief wordt wegens zijn isolement. Ongerustheid en stress treden blijkbaar op vanaf de derde opeenvolgende dag van isolement.

Een ander onderzoek over het gebruik van internet bevestigt deze tendens. Het aantal depressies ligt proportioneel hoger bij verwoede internetgebruikers (meer dan 2 uur per dag) dan bij het bevolkingsgemiddelde. Daaruit kunnen we afleiden dat de "virtuele relaties" het tegenovergestelde effect op onze fysiologie hebben dan onze werkelijke relaties.

Zo zie je dat persoonlijke contacten, een welgemeende handdruk, ondanks de technologische vooruitgang, nooit vervangen zullen kunnen worden!!!

De Pareto

Het gevoel van veiligheid en zelfrespect zijn twee belangrijke barometers van de emotionele batterij.

Belangrijk om weten is dat we kunnen rekenen op een vertrouwensnetwerk als dat nodig is.

Hou de energievreters op afstand.

De kernzin

Ik bevestig mezelf door de anderen te respecteren.

Mega Pareto

Samenvatting van de cyclus Recuperatie (Recovery)

Recuperatie na druk is het vermogen om na een verstoring van het evenwicht zo snel mogelijk naar jou oorspronkelijke toestand terug te keren.

Maak "golven"!

Elke "piek" van spanning moet gecompenseerd worden door een evenredig "dal" van recuperatie.

De periodes van recuperatie bevorderen de ontwikkeling van vitale functies: fysieke groei, mentale structurering, emotioneel evenwicht.

Er zijn vele belangrijke energiebronnen om de drie batterijen te herladen: wij hebben de volgende onder de loep genomen: slaap, voeding, lichamelijke oefening, humor, ontspanning, bevrediging van psychische noden, sociale contacten

Om ons recuperatievermogen te verbeteren, moeten we onze energiebronnen kennen, ze onderhouden, ontwikkelen en diversifiëren.

V. DE SUPER PARETO

De bedrijfsatleet in 16 kernzinnen + 1 super Pareto

1. Ik hou van uitdagingen en heb er plezier in.
2. Ik luister naar de signalen van mijn lichaam.
3. Ik ben bereid te evolueren om me aan te passen aan verandering.
4. Ik leg mezelf enkel realistische en realiseerbare doelstellingen op.
5. Ik zie de waarheid onder ogen en los één probleem tegelijk op.
6. Ik respecteer mijn natuurlijk ritme in mijn persoonlijke organisatie.
7. Ik verplaats de spot om hem naar oplossingen te richten.
8. Ik uit mijn gevoelens en zet regelmatig de uitlaatklep open om de spanningen te evacueren.
9. Ik ontspan mezelf door een gecontroleerde ademhaling.
10. Ik respecteer mijn inslaapritueel.
11. Ik kies voor een evenwichtige levenshygiëne en voeding.
12. Ik doe regelmatig lichaamsoefeningen.
13. Ik stimuleer humor en moedig goed humeur aan.
14. Ik neem tijd voor mezelf en voor mijn ontspanning.
15. Ik luister naar de anderen om bewust dank u te leren zeggen en hen ook zelf te feliciteren.
16. Ik bevestig mezelf door de anderen te respecteren.

Super Pareto

IK WERK EERST AAN MEZELF!

VI. ACTIEPLAN

Allicht zijn er enkele thema's die je geraakt hebben. Hopelijk heb je beslist om een aantal initiatieven te lanceren. Je kunt ze echter niet allemaal gelijktijdig opvolgen.

Als je wil kan deze laatste oefening je helpen om uit te maken welke denkpistes hierbij van belang zijn. Hieronder volgt een lijst van vijftien anekdotes (in het boek beschreven): met deze beelden hebben wij een bepaald onderwerp willen illustreren.

Selecteer de 5 anekdotes die je het diepst geraakt hebben en klasseer ze in jouw volgorde van belangrijkheid (1 = het belangrijkste). Denk er niet te lang over na en respecteer de natuurlijke fysiologische volgorde:

1. Duid eerst de beelden aan die jou emotioneel het diepste geraakt hebben. Gebruik alleen jouw *emotionele geheugen.* Indien je er tijdens de lectuur werkelijk door getroffen bent en je jezelf het beeld klaar en duidelijk herinnert, wil dat zeggen dat er een gevoelige snaar bij je geraakt werd.
   Een emotie is een krachtige motor voor actie: deze beelden zullen een speciale invloed op jou hebben en de kracht geven om concreet te handelen. Ons mentaal en fysieke vermogen gebruiken we meestal om onze acties te ondersteunen...
   Wanneer echter de drie niveaus - het fysieke, het mentale en daarbij dan nog het emotionele – gelijktijdig gemobiliseerd worden, zal de beschikbare energie veel groter zijn en de resultaten veel beter.
2. Vergelijk daarna binnen deze groep welke jou innerlijk het sterkst bewogen hebben: klasseer ze van hoog naar laag.
3. Als je nu nog geen TOP 5 hebt, doe dan een beroep op je *rationeel geheugen* om de lijst aan te vullen. Besef goed dat deze beelden je minder tot actie zullen aanzetten want ze worden enkel ondersteund door je mentale batterij.

Elk "beeld" gaat gepaard met een woordje uitleg:

. ***Universiteit VS – fysieke proeven voor 5 studenten – 30 jaar veroudering:*** fysieke of psychische inactiviteit = atrofie. Je moet je blootstellen om je te versterken.
. ***De zaag slijpen:*** een evenwicht zoeken tussen ontladen en opladen van energie.
. ***Ikke ook:*** voor jezelf zorgen om beter voor de anderen te kunnen zorgen.
. ***Verklikkerlampjes op jouw dashboard:*** luister naar de signalen van je lichaam die je duidelijk wijzen op "energietekorten" (het verhaal van Bruno).

- *Evenementen van het leven (Rivolier):* het is een kunst om aan te voelen wanneer er teveel grote stressors tegelijk in je leven zijn. Wees minder veeleisend op zo'n momenten: het is normaal dat je daar even in het rood gaat!
- *De filter van vroom* (Carl offert alles op voor zijn carrière): enthousiasme is positief zolang het je niet verblindt: er bestaat ook een leven naast de job. Spijt komt altijd te laat…
- *Fysiologische agenda:* plan de activiteiten volgens de natuurlijke ritmes en krachten van je lichaam. Waren er zaken in dit hoofdstuk die jou getroffen hebben?
- *Grote stenen, kiezel of zand:* ken je prioriteiten en respecteer ze. (Het verhaal van de professor uit Harvard).
- *Expeditie in het Amazonegebied:* in de boom klimmen: neem afstand om jouw zicht op de toekomst te bepalen (weten waar je naar toe wil).
- *Verlaat jouw mentale gevangenissen* (Vast in de file): gebruik moeilijke momenten om jezelf mentaal te trainen. Draai met je camera rond het 'probleem' en zoek een andere invalshoek.
- *Taal van de coach:* begiet de bloemen, niet het onkruid!: een goede teamleader formuleert positief wat hij/zij wilt zien gebeuren: begin met je schrijfstijl te positieveren, en daarna jouw spreekstijl (Het verhaal van de twee voetbalcoachen).
- *Mononucleose:* om elke dag te focusseren op het essentiële (Pareto van de belangrijke taken). (Het verhaal van Brigitte)
- *Brief van een student met trouwplannen aan zijn ouders:* de gebeurtenissen relativeren.
- *Het geluk is een reis, geen bestemming:* om voluit te genieten van het huidige moment. (Tekst van Alfred Souza)
- *De doorn uit jouw voet verwijderen* (bron van stress): de waarheid onder ogen zien, het pincet nemen en de ene doorn na de andere verwijderen.
- *De uitlaatkleppen openzetten:* om de zak negatieve emoties regelmatig leeg te schudden.
- *Relaxatietechnieken:* doorbreken de stress om de fysiologische opwinding te bedaren (ademhaling, visualisatie, spierontspanning).
- *Aan zichzelf werken:* ik heb een heel concrete actiemacht over persoonlijke zaken. Ik werk ook en vooral aan mezelf.
- *Uitdovende vraag:* om het emotionele vuur te doven dat een bedreiging vormt voor jouw helder redeneringsvermogen.
- *Max en Maxime 4 en 6 jaar, lachen 400 maal per dag. En jij?:* belang van de humor en van het goede humeur in een privé- of beroepssfeer.

Moeilijk, moeilijk… Wat een opdracht... Kiezen is verzaken…
In deze oefening zijn er uiteraard geen goede of slechte antwoorden.
Ze helpt je om je geheugen op te frissen met betrekking tot een aantal zaken waaraan je dagelijks moet denken.

Begin en hou vol.
Start, je hebt alle troeven in de hand.
Begin vandaag nog. Langzaam maar zeker.
Verdeel je goede voornemens in haalbare mini-etappes.
Elke drempel die je overwint zal je helpen om je te motiveren en je enthousiasme te bewaren.

Het is aan jou om te beslissen over de intensiteit en het ritme.
Laat je niet bedwelmen door successen of het helse tempo van het dagelijkse leven.
Blijf steeds consequent en eerlijk tegenover jezelf : werken aan jezelf is een investering voor de rest van je leven.

VII. EN NU AAN DE SLAG !

20 jaar ervaring met groepsanimatie, training, cursussen, seminaries en opleidingen hebben ons een heel duidelijk inzicht gegeven in het functioneren van de mens. Het zijn deze ontelbare interactieve ontmoetingen, gedeelde ervaringen met winnaars en verliezers, met kampioenen en meelopers, met mensen die leiden en geleid worden, die de aanpak van dit thema tot een coherent geheel gesmeed hebben. De ervaring van de sportwereld was hierbij heel belangrijk: het sportlaboratorium is verschrikkelijk veeleisend want het weerhoudt enkel - en terecht overigens - wat echt werkt. Men heeft eenvoudige, concrete en direct toepasbare zaken nodig. En de voelbare resultaten zijn er om de goede en slechte dingen respectievelijk te belonen of te bestraffen.

Mentally Fit is een programma dat resoluut naar oplossingen zoekt. Het is heel operationeel gericht. Het steunt op krachtige hefbomen die je in jezelf hebt, maar waarvan je het gebruik of de efficiëntie door de jaren heen uit het oog verloren hebt. Elk van ons heeft tijdens een bepaalde periode van zijn leven aandacht besteed aan zijn voeding, zijn slaap, relativeren, relaxen, zichzelf beheersen, enz. Maar de tijd heeft deze solide basis uitgehold. Stop met zappen! Onder spanning is het steeds de zwakste schakel van de ketting die breekt. Plan een weloverwogen actie om jouw drie batterijen te versterken. Een globale actie. Een duurzame actie. Een actie voor jezelf. Dat is de enige manier om je succes op lange termijn veilig te stellen.

Sommigen aarzelen, menen dat ze geen tijd hebben: "Uiterlijk morgen ... ooit". Op het vlak van de efficiëntie zijn er slechts twee tijden: nu en te laat! Je moet het ijzer smeden terwijl het heet is want de druk neemt toe en het net sluit zich steeds meer, waardoor je steeds minder energie en mogelijkheden hebt om iets te ondernemen. Vermits je een nagel niet met één hamerslag in de muur kunt kloppen, moet je starten en volhouden. Je moet het minstens drie maanden volhouden want dat is de tijd die het organisme nodig heeft om een gedragspatroon te veranderen en te verankeren. Zelfcontrole is een haalbare kaart. Voor elkeen en iedereen.

Dankzij de aansporingen van onze uitgever en de aanmoedigingen van enkele kennissen zijn we er uiteindelijk in geslaagd om alles wat we tijdens de seminaries opgevangen en genoteerd hebben in boekvorm te gieten. We weten niet welke gevoelens deze teksten bij je opgewekt hebben, maar kunnen je wel zeggen dat deze redactionele periode voor ons een heel intens moment geweest is. Met jezelf geconfronteerd worden, laat zijn sporen na.

Vermits wij mensen zijn die leven van persoonlijke contacten en directe communicatie was deze afzonderingsoefening erg frustrerend, maar ook erg verrijkend. Frustrerend omdat we regelmatig woorden te kort kwamen. Frustrerend omdat we nog veel meer hadden willen zeggen, thema's ontwikkelen, adviezen toelichten. Frustrerend omdat we – in tegenstelling tot onze seminaries – voor het eerst niet zagen tot wie wij spraken. Frustrerend omdat we de relatie niet konden verpersoonlijken.

Maar toch zo verrijkend omdat we nu ook onze Pareto hebben kunnen maken, de essentie hebben kunnen weergeven, in algemene termen om niet te specifiek te worden, in een globale context om niet te veel stil te staan bij concrete gevallen.

Wij hebben een personage voor onszelf gecreëerd tot wie we konden spreken. In een directe taal, een coachtaal, soepel en hard tegelijkertijd.
Wat we tegen deze persoon zegden schreven we op en we trokken ons op aan zijn reacties. Wij hopen dat je jezelf herkend hebt.
Wij hopen dat je gevoeld hebt dat wij ons tot jou persoonlijk gericht hebben. Wij hebben genoten van de weg die we samen met jou afgelegd hebben. Ons werk is gedaan.
Nu ligt de bal in jouw kamp.
Nu is het jouw beurt.

Succes

Alain en Koen

VIII. GLOSSARIUM

Adrenaline:
Eén van de belangrijkste hormonen van het bijniermerg, ook epinefrine genoemd. Adrenaline wordt geassocieerd met een toename van energie, alertheid en concentratie.

Aërobe oefeningen:
Uithoudingsoefeningen met een gemiddelde intensiteit: de intensiteit van deze oefeningen wordt meestal geraamd tussen 65 en 85 % van het maximale hartritme. (MHR = 220 – uw leeftijd)
Deze oefeningen doen de grote spiergroepen voortdurend werken.

Aëroob: (met zuurstof)
Wat wordt aangemaakt of verbrand in aanwezigheid van zuurstof.

Anaërobe oefeningen:
Oefeningen met een gemiddelde tot hoge snelheid of krachtinspanning. Tijdens deze oefeningen kunnen de behoeften van het metabolisme niet volledig gedekt worden door de zuurstoftoevoer afkomstig van de ademhaling: met andere woorden de zuurstof geraakt niet op tijd in de spieren die aan het werken zijn zodat er daar een minder goede verbranding plaatsvindt. Het gevolg hiervan is o.a. de vorming van melkzuur.

Anaëroob: (zonder zuurstof)
Wordt aangemaakt of verbrand bij afwezigheid van (voldoende) zuurstof. Vergelijk met een haardvuur: wanneer het mistig is en er geen goede luchtcirculatie is, brandt een haardvuur niet goed met allerlei negatieve gevolgen. Lang kan je een anaërobe inspanning niet volhouden, want je lichaam vormt melkzuur, en dit zal tot krampen leiden.

Bijnieren:
Endocriene klieren die boven elke nier gelegen zijn. Ze zijn samengesteld uit twee delen. Het eerste is het bijniermerg dat twee hormonen afscheidt, adrenaline en noradrenaline. Het tweede is de bijnierschors die een ander hormoon afscheidt, cortisol.

Buikspieren:
Prioritair voor een goede conditie. Ze zijn samengesteld uit vier spiergroepen die de voorkant van de buik bedekken. Beschermen en versterken de rug. Zo mogelijk de belangrijkste spiergroep om te onderhouden!

Catecholamines:
Types van samengestelde stoffen waarvan o.a. adrenaline en noradrenaline deel uitmaken, twee hormonen die door het bijniermerg afgescheiden worden.

Cholesterol:
C27H45OH, witte, kristalheldere en blinkende stof. Sterol, uitsluitend dierlijk, is de meest courante. Voorganger van een vorm van vitamine D en universeel weefselbestanddeel. Vooral aanwezig in de gal, de hersenen, de bloedcellen, het plasma en in eigeel.

Circadiaans ritme:
Ritme gebaseerd op 24 uur (circa diem: doorheen de dag).

Controle over de I.P.S. (Interne Positieve Staat):
Het vermogen om jezelf - telkens als je dat wenst - in een Interne Positieve Staat te brengen om zo gedurende een bepaalde tijd op jouw beste niveau te kunnen handelen. Deze waardevolle capaciteit verkrijgt men door de juiste rituelen te installeren, en dagelijks toe te passen. Topsporters trainen er dagelijks op om hun I.P.S. op commando te kunnen bereiken. Ook jij moet binnen jouw werksfeer af en toe een prestatie neerzetten die boven het gemiddelde uitstijgt: vb een presentatie voor heel het departement…

Cortisol:
Cortisol is één van de voornaamste corticosteroïden beter bekend als "stresshormoon" en wordt door de bijnieren afgescheiden. Wordt vaak geassocieerd met gevoelens van vrees en spanning, maar geeft jou ook een buitengewoon gevoel van alertheid bij acute stress. Bij langdurige en chronische stress heeft Cortisol negatieve bijwerkingen voor de gezondheid.

Doel van trainen op basis van de hartfrequentie:
Door middel van een hartslagmeter (horloge met bijhorende band die je rond de borst draagt en waar een metertje in zit die jouw hartslag meet: deze waarden kan je tijdens het joggen aflezen op een speciaal daarvoor ontwikkelde horloge) kan je bij conditietrainingen (joggen, lopen, fietsen…) de hartfrequentie bepalen waaraan of de zone waarbinnen je wil lopen. Deze wordt gedefinieerd door een maximum- en een minimumwaarde die gebaseerd zijn op jouw leeftijd en op een bepaald percentage van jouw maximum hartfrequentie.
De winsten die tijdens "aërobe oefeningen" tussen die twee waarden behaald worden zijn de beste.

Eiwitten (proteïnen):
Voedingsbestanddelen die het organisme gebruikt om de weefsels te vormen en te herstellen.

Endorfine:
Een neuropeptide. Net zoals de hersenhormonen stimuleert deze endogene (dwz door het lichaam aangemaakte) morfine de cellen. Endorfine kan een gevoel van welzijn creëren en pijn verzachten.

ERG – Theorie van Alderfer:
Evolutie voorgesteld door Clayton Alderfer in de "Piramide van de Behoeften" van Maslow. Hij deelt de individuele behoeften op in drie niveaus in plaats van vijf: de behoefte aan Existentie (fysiek), de behoefte aan Relaties (emotioneel) en de behoefte aan Groei (mentaal).
Hij introduceert het principe van de "frustratie-regressie": wanneer het individu voortdurend gefrustreerd is in zijn inspanningen om een hoger behoefteniveau te bevredigen, kan het voorvallen dat het op een gegeven moment afhaakt. Wanneer dat gebeurt is er sprake van regressie en heroriëntering van de inspanningen naar een lager, meer toegankelijk niveau.

Factoren van spanning:
Specifieke oorzaken van energieverbruik:
- *fysiek:* elke fysieke beweging (wandelen, lopen, zwemmen);
- *emotioneel:* een bestelling of klant mislopen, een belangrijke voorstelling moeten geven, conflicten;
- *mentaal:* nieuwe documenten bestuderen, moeilijke mathematische problemen oplossen, memoriseren.

Interne Positieve Staat (I.P.S.):
De I.P.S. wordt gekenmerkt door positieve emoties en gevoelens: kalmte, relaxatie, vertrouwen, blijdschap, gevoel voor humor en ontplooiing.

Koolhydraten:
Voedingsbestanddelen die meerdere suikers en zetmeel bevatten. Terug te vinden in fruit, groenten, granen, rijst, aardappelen, enz. De koolhydraten nemen de vorm aan van glucose in het bloed en worden omgezet in glycogeen in de spieren en de lever. Ze moeten 60-65% van de dagelijkse voedselinname uitmaken.

Mineralen:
Natuurlijke voedingsbestanddelen die noodzakelijk zijn voor het organisme.

Neuropeptiden:
Kleine substanties van het eiwitachtige type aangemaakt door de hersencellen. De neuropeptiden oefenen een erg stimulerende werking uit op het humeur en vormen de chemische basis voor de emotie. Minstens één ervan, de endorfine, heeft de kracht om pijn te verzachten. Grote concentraties aan neuropeptiden treft men aan in het limbisch systeem van de hersenen.

Oscillatie:
Dynamische interacties (golven) tussen spanning en recuperatie die een toestand van harmonie en synchronisme (psychologisch en fysisch) teweegbrengen indien ze in evenwicht zijn, beter gekend onder de naam: gezondheid.

Noradrenaline:
Ook norepinefrine genoemd, dit is één van de belangrijkste hormonen die afgescheiden worden door de bijnier. Het is tevens een neurotransmitter ter hoogte van de zenuwuiteinden. Ze maakt deel uit van de catecholamines.

Ondertraining:
Dit valt voor wanneer de recuperatietijd proportioneel hoger is dan de oefentijd, en dit gedurende een langere periode. Gebrek aan uitdagingen verzwakt het individu dat teveel rust genomen heeft op alle vlakken: het fysieke, het mentale en het emotionele. Denk aan een arm in de plaaster: binnen enkele weken atrofiëren de armspieren voor een groot stuk! Niet fit zijn doet zeer wanneer je dan toch eens een inspanning moet doen. Denk maar aan die éne keer dat je dan eens gaat squashen met je vrienden: gedurende een week ben je daar stijf van... Als je al geen spierscheur hebt opgelopen!

Overspanning:
Het principe van overspanning moet met zorg in het oog gehouden worden. Wanneer het weerstandsniveau te hoog ligt kunnen de overspannen spieren hun kracht verliezen in plaats van aan kracht te winnen. Overspanning leidt tevens tot risico's van kwetsuren en verwonding.

Pareto:
Vilfredo Pareto, Italiaanse socioloog en economist (1848-1923). Hij baseerde de economie op mathematische modellen en diepte het concept van economisch optimum uit. Bij uitbreiding kan zijn 80/20-regel toegepast worden op alle domeinen: voor jou betekent dit concreet dat je jezelf best concentreert op die 20 % van activiteiten die jou 80 % efficiëntie en persoonlijke voldoening schenken. Ergens logisch: we hebben al zo weinig tijd.

Je kan niet alles doen wat je wel zou willen. Je kan jezelf dus maar best concentreren op die zaken die jou en jouw omgeving het meeste voldoening schenken!

Positieve energie:
Energie opgewekt door positieve emoties. Een uiterst positieve energie, de essentiële factor voor een maximaal prestatievermogen, ontwikkelt zich wanneer de spannings - en recuperatiecycli voortdurend in evenwicht gehouden worden.

Recuperatie:
Alles wat jou energie geeft: rusten, relaxen, mediteren, eten, drinken, zich amuseren, enz. Recuperatie is een biochemisch feit.
Vergelijk met "spanning".

Stress:
Alles wat energieontladingen veroorzaakt. Vergelijk met "recuperatie". Alle vormen van stress zijn biochemische feiten. Mentale en emotionele stress zijn even reëel als fysieke stress want het energieverbruik situeert zich op het fysieke, mentale en emotionele vlak.

Stressdrempel:
De hoeveelheid druk die een individu kan verwerken alvorens het onder "stress" staat.

(Veren tijdens) Stretching:
Vorm van stretching waarbij het individu lichtjes op en neer veert om een stretching te verkrijgen die verder gaat dan de normale bewegingsruimte. Leidt makkelijker tot blessures. Niet aan te raden.

Stretching (statische of passieve):
Rek een spiergroep of lichaamsdeel uit over de volle omvang van zijn beweging tot er een lichte spanning ontstaat: hou deze positie aan gedurende ongeveer 20 seconden.

Training met tussenpozen (interval):
Oefenprogramma dat voorstelt om alternerend snel-traag en moeilijk-makkelijk te werken. Variatie in tegenstelling tot een regelmatige toestand. Variërende prikkels leiden tot snellere en evenwichtigere groei.

Training van het uithoudingsvermogen:
Kan fysiek, mentaal of emotioneel zijn. Stelt een individu bloot aan positie-

ve veranderingen met een voldoende intensiteit zodat het zich kan aanpassen aan een zwaardere belasting. Uithouding is het gevolg van een systematisch, zorgvuldig en evenwichtig beheer van de cycli van energieverbruik (spanning) afgewisseld met cycli van energierecuperatie (rust).

Uithoudingsvermogen kweken:
Uithoudingsvermogen kweken is een schema volgen waarbij je jezelf traint om soepeler te worden, gepaster te reageren, sterker en beter bestand te zijn tegen druk, zowel in het emotionele als in het fysieke vlak. Vergelijk met "verzwakken".

Verzwakken:
Minder soepel, minder sterk en minder drukbestendig worden, minder goed reageren zowel op het fysieke als op het emotionele vlak. Vergelijk met "uithoudingsvermogen kweken".

Verzwakt:
Verzwakte mensen reageren terughoudend, defensief, onaangepast op spanningen, vooral buiten de beoefening van een bepaalde sport. Hun reacties zijn vaak traag en besluiteloos, vertonen doorgaans een gebrek aan energie en kracht. Verzwakte individuen zijn niet in staat om snel te recupereren na periodes waarin ze onder druk gestaan hebben.

Vetten:
Drie soorten: verzadigde
meervoudig onverzadigde
enkelvoudig onverzadigde
Ze moeten minder dan 25 % van de dagelijkse voedselinname uitmaken.

Victor Vroom:
In zijn "Theorie van de Verwachtingen" onderscheidt hij drie fundamentele vragen die de menselijke geest zich stelt alvorens hij de noodzakelijke inspanning verricht om op een bepaald niveau te presteren. De filter van Vroom werd vaak gebruikt in verschillende praktische toepassingen: in de sport, om de slaagkansen van jonge beloften in te schatten, in de onderneming om een medewerker efficiënt promotie te geven, in het universiteitsmilieu om de gediplomeerden hun specialisatie te helpen kiezen.

Vitamines:
Natuurlijke bestanddelen die als een katalysator werken om de functies van het organisme te bevorderen.

IX. BIBLIOGRAFIE

BARTOL Kathryn & MARTIN David (1998). – *Management.* McGraw-Hill International Editions.
DELVAUX Chantal & DEFRENNE Jacques (1990). – *Le management de l'incertitude.* De Boeck & Larcier.
GIACON Christophe (2000). – *Le grand livre de la forme.* Editions Générales First.
GOLEMAN Daniel (1995). – *Emotional Intelligence:* Why it can matter, New York, Bantam Books.
GOLEMAN Daniel (2000). – Emotionele Intelligentie in de praktijk. Uitgeverij Contact Amsterdam/Antwerpen
GROBETY André & STAEMPFLI Jacques (1995). – *Sophrologie au quotidien.* Editions La Maison du Bonheur.
HALL Nicholas (2001). – *Winning the stress challenge.* Institute for Health and Human Performance.
JARDEL J.-P. & LORIDON Ch. (2000). – *Les rites dans l'entreprise.* Les Echos Editions.
KERJEAN Alain (2000). – *Les nouveaux comportements dans l'entreprise.* Editions l'Organisation.
Dr. LEONARD Robert (1998). – *Le travail et le temps.* Institut National de Recherche sur les Conditions de Travail (INRCT).
KELDER Peter (1992) – *Fontein der Jeugd.* Uitgeverij Schors, Amsterdam
LOEHR James (1997). – *Stress for succes.* Times Books Editions.
MILLMAN Dan (1997). – *L'athlète intérieur.* Editions Vivez Soleil.
MARK MCCORMACK (1984) - *What They Don't Teach You At Harvard Business School, notes from a street smart executive*
Dr. SCHWOB Marc (1998). – *Etre au top à chaque heure.* Hachette Livres.
SZERMAN Stéphane (2001). – *Le guide du bien-être.* Editions Robert Laffont.
Dr. VAN MOFFAERT Myriam & Dr FINOULST Marleen (2001). – *Les femmes et leurs humeurs.* Editions Luc Pire.
WEINBERG Robert (1988) – The Mental Advantage. North Texas State University
UNGERGLEIDER Steven (1996) – Mental training for peak performance. Rodale Press, Pennsylvania